Atlas de l'Amérique latine

Violences, démocratie participative et promesses de développement

Sous la direction de Olivier Dabène

Cartographie : Aurélie Boissière

Éditions Autrement
Collection Atlas/Monde

AUTEURS

Olivier Dabène est docteur en science politique de l'IEP de Grenoble, agrégé
de science politique. Professeur invité dans de nombreuses universités espagnoles
et latino-américaines, il est actuellement professeur des universités à l'IEP de Paris,
où il dirige le 1er cycle ibéro-américain de Poitiers et la spécialité Amérique latine
du master « Politique comparée ». Il a publié récemment *L'Amérique latine
à l'époque contemporaine* (Paris, Armand Colin, 2003) et *Exclusion et politique
à São Paulo* (Paris, Karthala, 2006).
Cet Atlas a été réalisé sous sa direction et, dans le cadre d'un projet collectif
du 1er cycle ibéro-américain de l'IEP de Paris à Poitiers, par Carmen Cañas,
Débora García, Ilona Lecerf, Daienne Machado, Nara Melo, José Monroy Totah,
Lionel Moreira, Pedro Neiva Botelho, Dennis Petri, Charlotte Rault,
Annaïta Shirin-Zadeh et Lucien Tallet.

CARTES ET INFOGRAPHIES

Aurélie Boissière, géographe-cartographe indépendante, a participé à l'élaboration
du hors-série « Atlas des atlas » de *Courrier international* (mars 2005).
Elle collabore régulièrement à la réalisation des cartes de l'hebdomadaire.

MAQUETTE

Conception et réalisation : Edire

CORRECTION

David Mac Dougall

ÉDITIONS AUTREMENT

Direction : Henry Dougier
Coordination éditoriale : Laure Flavigny et Marie-Pierre Lajot
Fabrication : Bernadette Mercier
Direction commerciale : Anne-Marie Bellard
Communication et presse : Doris Audoux

© Éditions Autrement 2006
77, rue du Faubourg-Saint-Antoine • 75011 Paris
Tél. 01 44 73 80 00 • Fax 01 44 73 00 12 • www.autrement.com

ISBN 978-2-7467-0794-2
ISSN 1272-0151

Dépôt légal : juin 2006
Imprimé et broché en France par Corlet Imprimeur SA
Achevé d'imprimer en mai 2006

Sommaire

LA NAISSANCE HASARDEUSE DE L'AMÉRIQUE LATINE

Le continent américain doit son nom à une série de hasards et d'approximations. La déformation du prénom d'un modeste navigateur florentin est à l'origine de la « grande comédie des méprises » du début du XVIᵉ siècle, selon l'élégante expression de Stefan Zweig (dans *Amerigo*, 1941), qui aboutit à dépouiller Christophe Colomb des mérites d'avoir accosté le premier un monde qu'il confondit avec les Indes.

Évoquant en 1503 dans ses récits de voyage un Nouveau Monde (*Mundus Novus*), et non les Indes, Albericus Vespucius apparaît rapidement aux yeux de ses contemporains comme un découvreur. Et lorsqu'un éditeur de Saint-Dié publie en 1507 une *Introduction à la cosmographie*, où est suggéré que le nouveau monde s'appelle « America puisque c'est Amerigo qui l'a découvert », les cartographes, astronomes et érudits, puis le grand public, contribuent au baptême collectif du continent.

L'expression « Amérique latine », pour sa part, a été inventée en 1856 par un Chilien et un Colombien vivant à Paris et fréquentant les milieux politiques attachés à la dimension « latine » (français, espagnol et italien) de leur combat pour la République. L'expression est reprise au début des années 1860 sous le second Empire, et sert l'ambition stratégique de Napoléon III qui souhaite aider les nations latines d'Amérique et positionner la France en concurrente de l'Espagne, de la Grande-Bretagne et des États-Unis. Sa conquête du Mexique avec l'empire de Maximilien (1863-1867) est l'éphémère concrétisation de ce rêve.

Les errements des voyageurs du XVIᵉ siècle et les stratégies concurrentes des puissances européennes trois siècles plus tard ne sont pas qu'anecdotiques. Elles illustrent le mode de formation historique du continent. Depuis la « rencontre entre deux mondes », empreinte de violence destructive et spoliatrice, le destin de l'Amérique latine s'est souvent joué depuis l'extérieur.

L'Atlas appréhende les origines historiques et géographiques d'un mode de développement inégal et excluant qui a engendré de profondes frustrations sociales. Il s'attache aussi à mettre en lumière les expressions culturelles et religieuses qui ont accompagné les trajectoires historiques des pays et modèlent aujourd'hui leur identité. Les styles de gouvernement sont enfin présentés, sur les plans tant interne qu'international.

L'Amérique latine est depuis ses origines le continent des contrastes. Y cohabitent de hauts degrés de frustration sociale mais peu de mouvements sociaux d'envergure, des taux de violence élevés mais peu de guerres. S'y juxtaposent un modernisme architectural reconnu et un habitat précaire, la compétitivité de l'agrobusiness et la détresse des paysans sans terres, le métissage culturel et le racisme. Des styles politiques traditionnels (clientélisme, populisme) et des pratiques de démocratie participative innovantes s'y opposent, ainsi qu'une insertion inégale dans les marchés mondiaux et le succès du commerce équitable.

Cet Atlas donne à voir ces contrastes, au fil de six grands thèmes : legs historiques, espaces, ressources et peuplements, les traits de développement, expressions et croyances, les styles politiques et l'Amérique latine et le monde.

L'AMÉRIQUE LATINE COLONIALE

Lors du premier voyage de Christophe Colomb en 1492, un « nouveau monde », vaste et diversifié, s'ouvre aux explorateurs espagnols, puis portugais. À partir du XVIᵉ siècle commence le processus de colonisation dans toute la région. Du nord du Mexique à la Terre de Feu, l'ensemble du continent est désormais soumis aux autorités espagnole et portugaise. L'époque coloniale est marquée par la conquête de nouveaux territoires, l'exploitation de ses richesses et habitants, et le bouleversement de l'organisation économique, politique, sociale et culturelle. Un nouvel ordre se met en place qui dure trois siècles et marque profondément l'histoire du continent.

> **"**
>
> *Toutes les choses qui ont survenu aux Indes depuis leur merveilleuse découverte [...] ont été si admirables [...] qu'elles semblent avoir obscurci et réduit au silence les tueries et les destructions d'êtres innocents.*
>
> BARTOLOMÉ DE LAS CASAS, 1552.
>
> **"**

La découverte du Nouveau Monde

La Couronne espagnole ayant accepté sa proposition de réaliser une expédition pour les Indes passant par une nouvelle route des îles Canaries, Christophe Colomb fait son premier voyage en 1492 et arrive à La Hispaniola (aujourd'hui Haïti et la République dominicaine). Après ce voyage de découverte, il retourne en Espagne puis, entre 1493 et 1502, entreprend trois autres voyages aux « Indes espagnoles ». En 1494, le pape Alexandre VI contraint les Espagnols et les Portugais à se partager les zones de découverte (traité de Tordesillas), excluant les Anglais, les Français et les Hollandais. Le deuxième voyage de Colomb est un des plus importants : 17 navires sont préparés pour débarquer sur le nouveau continent, avec 1 200 colons qui ont pour objectif de s'établir définitivement à La Hispaniola. Au milieu du XVIᵉ siècle, deux vice-royautés existent déjà au Mexique et au Pérou.

ORGANISATION POLITIQUE AU XVIIIᵉ SIÈCLE

États-Unis

Vice-royauté de Nouvelle-Espagne

OCÉAN ATLANTIQUE

Capitainerie de Cuba
Haïti (France)
Honduras britannique

Capitainerie du Guatemala

Capitainerie du Venezuela

Guyane britannique
Guyane hollandaise
Guyane française

Équateur

Vice-royauté de Grande-Grenade

Vice-royauté du Pérou

Vice-royauté du Brésil

OCÉAN PACIFIQUE

Vice-royauté du Río de la Plata

Capitainerie du Chili

Patagonie

500 km

Possession espagnole : vice-royauté

Possession espagnole : capitainerie générale

Possession portugaise

Possession ou territoire d'autres États

Région inexplorée

Frontière internationale

Frontière interne à l'Empire espagnol

TRAITÉ DE TORDESILLAS

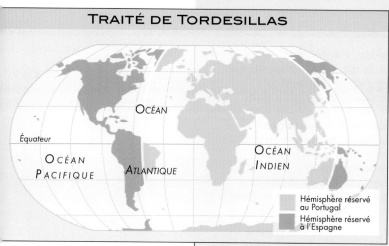

Équateur

OCÉAN
PACIFIQUE

OCÉAN
ATLANTIQUE

OCÉAN
INDIEN

Hémisphère réservé
au Portugal
Hémisphère réservé
à l'Espagne

L'organisation économique et culturelle

L'économie des colonies est surtout fondée sur la main-d'œuvre et les richesses naturelles avec trois principaux piliers : l'activité minière, l'agriculture et le commerce.

RICHESSES. La première source de richesses est l'exploitation de l'or et de l'argent dans les principales mines coloniales, comme celle de Potosí (Bolivie) et Zacatecas (Mexique). L'agriculture se développe avec les *haciendas* et des *encomiendas*, où les travaux sont réalisés par les indigènes et les esclaves africains. Les cultures de coton, de sucre et de café sont source d'importantes richesses, notamment dans les Caraïbes et au Brésil. La main-d'œuvre repose sur le travail gratuit (esclavage) et sur la *mita* (impôt obligatoire payé par les indigènes en temps de travail).

COMMERCE INTERDIT. Quant au commerce, il est interdit entre les colonies. Tous les produits et marchandises sont directement envoyés à la métropole. Progressivement, un marché noir se développe entre les colonies et la contrebande devient une pratique courante.

Parallèlement, la vie culturelle est très intense et se manifeste à travers les institutions éducatives (contrôlées par l'Église), l'art, les fêtes religieuses et la littérature. L'évangélisation et le syncrétisme religieux sont un phénomène important.

L'organisation politique et sociale

Pendant la période coloniale, la structure politique et sociale est bien définie, surtout dans les colonies espagnoles. Le gouvernement développe une administration qui rassemble les régions en vice-royautés. Le roi délègue ses pouvoirs à un noble espagnol, le vice-roi. Au cours du XVIe siècle, deux vice-royautés voient le jour : la Nouvelle-Espagne, en 1535, dans la région du Mexique, et la Nouvelle-Castille, en 1543, avec Lima comme capitale. Les capitaineries arrivent ensuite (Guatemala, Cuba, Venezuela, Chili). Au XVIIIe siècle s'ajoutent les vice-royautés de Nouvelle-Grenade et du Río de la Plata.

Un vaste réseau de communautés administratives se met ainsi en place dans l'ensemble des territoires colonisés, accompagné d'une organisation sociale hiérarchisée en différentes classes sociales, aux fonctions distinctes. Les Espagnols sont chargés des fonctions administratives et se trouvent au sommet de la hiérarchie. La société comprend d'autres catégories telles que les créoles et les métis, qui peuvent être de grands propriétaires terriens (*latifundistas*) ou des fonctionnaires. Les catégories qui se trouvent au bas de la pyramide sociale sont les *mulatos* (Noirs africains), les Indiens et les *zambos* (métis Indiens-Noirs), qui peuvent être des esclaves à qui sont confiés les travaux les plus pénibles dans les secteurs minier et agricole.

ORGANISATION SOCIALE

ROI
Couronne espagnole
Détient le pouvoir principal dans les colonies

VICE-ROI
Noble espagnol. Le roi
lui délègue son pouvoir

CRÉOLES
Espagnols nés en Amérique latine. Ils ont un pouvoir politique important mais inférieur à celui des Espagnols venus d'Europe. Ils sont généralement *latifundistas* et ont plein accès à l'éducation.

MÉTIS
Population formée par le mélange entre Espagnols et indigènes. Généralement artisans ou petits propriétaires terriens.

INDIGÈNES ET ESCLAVES
Chargés des travaux les plus pénibles au sein des exploitations agricoles et dans les mines. La plupart des esclaves sont d'origine africaine.

MULATOS ET ZAMBOS
Population exerçant des activités diverses dans l'organisation de la colonie.

LES GUERRES D'INDÉPENDANCE

Après trois siècles de colonisation, l'Amérique latine voit naître au début du XIXᵉ siècle un grand mouvement indépendantiste qui se propage dans l'ensemble de la région. Ce mouvement trouve son origine dans la décadence des empires coloniaux qui, dès le XVIIIᵉ siècle, connaissent d'importants problèmes économiques et perdent progressivement le contrôle du territoire. Parallèlement, les idées de la Révolution française se diffusent et les populations locales réclament de plus en plus d'autonomie vis-à-vis des autorités espagnole et portugaise. Le processus d'indépendance concerne toute l'Amérique latine et marque le début d'une ère nouvelle.

La décadence des empires espagnol et portugais

La décadence des empires est déjà perceptible au XVIIIᵉ siècle. L'Espagne et le Portugal sont en déclin, leurs économies sont dépassées par celles d'autres pays européens, comme l'Angleterre, et leur niveau d'endettement constitue un obstacle à leurs ambitions extérieures. De leur côté, les colonies produisent d'énormes richesses qui permettent aux créoles d'exercer une influence et un pouvoir croissants dans la vie politique des colonies. Les tensions augmentent avec les soulèvements des indigènes et des esclaves, qui représentent 85 % de la population totale des colonies. Ce contexte accélère la décadence des empires. Les États espagnol et portugais entrent dans une profonde crise en 1807-1808, à l'occasion de l'expansion napoléonienne. À partir de cette époque, un nationalisme colonial commence à émerger. Les colonies voient dans la métropole un obstacle au progrès. Leur développement économique est de fait bloqué par l'interdiction du commerce entre les colonies et par le monopole total qu'exercent les empires sur leur commerce international. En outre, les deux États colonisateurs sont affaiblis au cours du XIXᵉ siècle par les attaques britanniques contre les colonies et les flottes espagnoles. Tous ces problèmes politiques et sociaux ont comme conséquence la déstabilisation des métropoles. L'émergence du mouvement indépendantiste des colonies semble inéluctable.

INSURRECTIONS EN AMÉRIQUE DU SUD

Cartagena
Carabobo (1821)
Puerto Cabello
1811
Angostura (1817)
OCÉAN ATLANTIQUE
Bogotá
Boyacá (1819)
VICE-ROYAUTÉ DE GRANDE-GRENADE
Bombona (1822)
Équateur
Pichincha (1822)
Quito
Guayaquil
1809
VICE-ROYAUTÉ DU PÉROU
VICE-ROYAUTÉ DU BRÉSIL
Callao
Junín (1824)
Lima
Ayacucho (1824)
Lima (1821)
Arequipa
La Paz
Chuquisaca
1811
Rio de Janeiro
Tucumán (1816)
VICE-ROYAUTÉ DU RÍO DE LA PLATA
1811
Chacabuco (1817)
Valparaíso
Santiago
1814
Maipú (1818)
Buenos Aires
Concepción
1810
OCÉAN PACIFIQUE
Ancud
Patagonie

500 km

■ Capitale
✸ Premier mouvement insurrectionnel
■ Victoire des insurgés
● Congrès
★ Point d'appui espagnol jusqu'en 1826
Campagne de Bolívar (1817-1824)
Campagne de San Martín (1817-1821)

Source : <www.atlas-historique.com>

MORCELLEMENT DE L'AMÉRIQUE CENTRALE

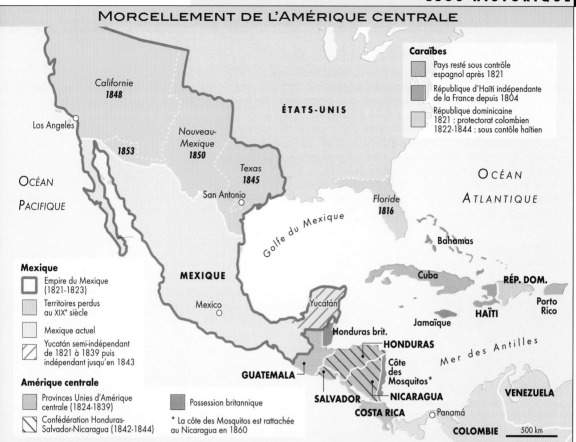

Caraïbes
- Pays resté sous contrôle espagnol après 1821
- République d'Haïti indépendante de la France depuis 1804
- République dominicaine 1821 : protectorat colombien 1822-1844 : sous contôle haïtien

Mexique
- Empire du Mexique (1821-1823)
- Territoires perdus au XIXe siècle
- Mexique actuel
- Yucatán semi-indépendant de 1821 à 1839 puis indépendant jusqu'en 1843

Amérique centrale
- Provinces Unies d'Amérique centrale (1824-1839)
- Confédération Honduras-Salvador-Nicaragua (1842-1844)
- Possession britannique

* La côte des Mosquitos est rattachée au Nicaragua en 1860

500 km

Mouvements indépendantistes et grandes figures

Le processus d'indépendance naît dans la région de La Hispaniola, alors que se diffusent les idées de «liberté, égalité, fraternité», issues de la Révolution française. Les colonies revendiquent de plus en plus fermement leur liberté et leur indépendance, s'opposant à l'absolutisme et aux contrôles exercés par les métropoles. Le mouvement indépendantiste débute au XIXe siècle, lorsque l'empereur Napoléon Bonaparte envahit l'Espagne et désigne son frère Joseph comme le nouveau roi. Dans un premier temps, les colonies affirment leur opposition aux autorités françaises, pour ensuite déclarer leur indépendance. En 1810, la population des régions de Caracas (Venezuela) et de Buenos Aires se soulève contre les autorités espagnoles. En 1816, le congrès de Tucumán déclare l'indépendance des Provinces unies de la Plata, puis, en 1817, Simón Bolívar réunit un congrès à Angostura qui déclare l'indépendance du Venezuela en 1819. Ce mouvement touche aussi Cartagena et Bogotá, en Colombie. Il est conduit par de grands leaders comme Simón Bolívar dans les régions andines et José de San Martín, au Chili et au Pérou. De nombreuses batailles ont lieu, telles que celles de Junín et d'Ayacucho en 1822 pour la libération du Pérou. Vers 1824, l'Espagne perd l'ensemble de ses territoires, à l'exception de Cuba et de Porto Rico, qui seront indépendants à la fin des années 1890. Quant au Brésil, Dom Pedro déclare son indépendance en 1822 et se proclame empereur.

" *Vous allez compléter la plus grande œuvre qui a pu être donnée aux hommes : celle de sauver un monde complet de l'esclavage !*

Simón Bolívar, 1824. "

Empires indiens, aztèques, mayas et inca

De nombreuses cultures préexistaient à la colonisation (aztèque, maya et inca notamment). La colonisation de l'Amérique latine s'est traduite par la conquête des empires indiens et la domination de la culture espagnole. En 1521, Hernán Cortés conquiert Tenochtitlán, la capitale de l'empire aztèque et, entre 1532 et 1533, Francisco Pizarro impose sa domination dans l'empire inca au Pérou.

Dès le début de la colonisation, la culture et l'organisation économique et politique des empires indiens sont exposées à des bouleversements irréversibles. La résistance des populations natives se prolonge pendant longtemps. Mais, au moment des indépendances, les empires indiens ont perdu l'essentiel de leur population et sont en pleine décadence. Avec l'indépendance de l'Amérique latine et l'apparition des nouveaux pays, les empires se trouvent morcelés.

Au milieu du XIXᵉ siècle, alors que l'ensemble de l'Amérique latine a accédé à l'indépendance, les pays se trouvent toujours dans une situation de désorganisation économique, politique et sociale. Dans certains pays, la diversité ethnique très marquée est un facteur aggravant. Aucun des nouveaux pays ne dispose d'une culture nationale bien définie, ce qui constitue un obstacle à la construction des États-nations, jusque-là inexistants. À la fin du XIXᵉ siècle, l'essor du libéralisme et des caudillos favorise l'émergence d'une expérience commune de nature à consolider les États.

LE PÉROU : DIVERSITÉ ETHNIQUE ET ÉCONOMIQUE

300 km

ÉQUATEUR
COLOMBIE
BRÉSIL
PÉROU
Lima
OCÉAN PACIFIQUE
BOLIVIE
CHILI

Part de la population indigène par province en 1827

plus de 70 %
de 50 à 70 %
de 30 à 49 %
de 10 à 29 %

Chaîne montagneuse et hauts plateaux

Estimations d'après Paul Gootenberg, *Población y etnicidad en el Peru Republicano*, IEP.

50 ans de guerres

Le long processus d'accès à l'indépendance que connaît le continent ne conduit pas à une consolidation rapide des nations. De nombreuses guerres ont encore lieu au XIXᵉ siècle, qu'elles soient provoquées par la séparation entre les nouveaux pays, ou par des oppositions internes d'intérêts ou des rivalités politiques.

La région se trouve balkanisée, les quatre anciennes vice-royautés se transformant, en quelques décennies, en dix-huit pays souverains. De nombreux conflits territoriaux se soldent par des guerres, comme celle de la Triple Alliance entre 1864 et 1870, qui fait perdre au Paraguay un tiers de son territoire, ou la guerre du Pacifique entre 1879 et 1883, qui coûte à la Bolivie son accès à la mer. Les grandes puissances étrangères comme les États-Unis ne s'opposent pas à la fragmentation du continent, car elles estiment que l'unification mettrait en danger leurs intérêts.

Au sein des pays, les confrontations entre libéraux et conservateurs sont fréquentes. En Colombie, plusieurs guerres civiles déchirent le pays, dont la guerre des Mille Jours (1899-1902), très meurtrière. Le pays affaibli perd Panamá peu après. Les conflits non résolus de la période coloniale, les tensions raciales divisent les sociétés. L'Amérique latine connaît d'interminables cycles de violence et une forte instabilité politique, qui entravent la construction des nations. Le pouvoir politique est généralement faible jusqu'à l'apparition de chefs autoritaires, les *caudillos*.

Deux exemples : l'Argentine et le Pérou

ARGENTINE : ENTRE FÉDÉRALISME ET UNITARISME.

Entre 1810 et 1830, une guerre civile oppose les libéraux, qui veulent un pouvoir unitaire et central autour de Buenos Aires, et les conservateurs, fédéralistes, qui souhaitent donner plus d'autonomie aux provinces. Ces derniers vont triompher lors de la bataille de Cepeda en 1820. Par la suite, les unitaristes reprennent le pouvoir et déclarent Buenos Aires capitale. Néanmoins, l'arrivée du *caudillo* Manuel de Rosas permet la mise en place de la Confédération argentine, le fédéralisme étant imposé par la dictature. Finalement, le général Pavón met un terme aux conflits entre la capitale et les provinces en consolidant l'unité nationale.

PÉROU : DIVERSITÉ ETHNIQUE.

Il n'existe pas de véritable identité nationale au moment de l'accès à l'indépendance, ce qui conduit à un clivage politique, économique et culturel entre les Blancs et les métis, qui détiennent le pouvoir, et les Indiens, qui représentent 80 % de la population. Le défi est alors d'intégrer cette culture indigène traditionnelle pour former un État-nation, tout en tâchant d'effacer la séparation géographique entre ces deux communautés. Ramón Castilla entreprend, lors de ses présidences entre 1845 et 1862, de nombreuses réformes telles que l'abolition de l'esclavage et la construction des voies ferrées, qui favorisent le rapprochement des deux communautés.

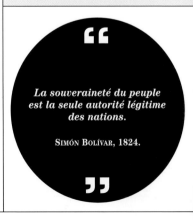

" La souveraineté du peuple est la seule autorité légitime des nations.

SIMÓN BOLÍVAR, 1824.

"

NATIONS

Deux exceptions : le Brésil et le Mexique

LE MEXIQUE possède déjà une conscience nationale qui trouve ses sources dans l'ancien empire aztèque. Après la colonisation, la base de la nation se fonde en opposition à la monarchie espagnole et se trouve favorisée par la forte intégration économique du pays. L'unité se construit autour du fédéralisme et du libéralisme. Benito Juárez entreprend des réformes qui éliminent la prééminence de l'Église sur la politique, l'économie et la société mexicaine, et handicapent l'expansion du pays.

LE BRÉSIL se situe également dans un contexte favorable. Ce pays possède une unité linguistique et des frontières mieux définies. Surtout, il se trouve encore sous une monarchie et son unification se consolide grâce à la légitimité du souverain, Pedro II. De plus, les barons du café et les grands propriétaires terriens acquièrent une forte autorité. En l'absence d'une guerre d'indépendance, la conscience nationale est tardive et se développe avec les élites intellectuelles.

L'ACCESSION DES CAUDILLOS AU POUVOIR

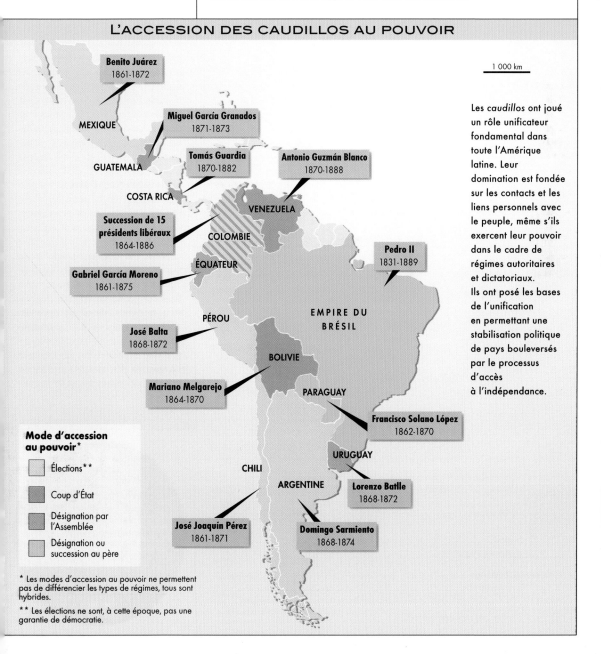

1 000 km

Benito Juárez
1861-1872

Miguel García Granados
1871-1873

Tomás Guardia
1870-1882

Antonio Guzmán Blanco
1870-1888

Succession de 15
présidents libéraux
1864-1886

Pedro II
1831-1889

Gabriel García Moreno
1861-1875

José Balta
1868-1872

Mariano Melgarejo
1864-1870

Francisco Solano López
1862-1870

Lorenzo Batlle
1868-1872

José Joaquín Pérez
1861-1871

Domingo Sarmiento
1868-1874

MEXIQUE

GUATEMALA

COSTA RICA

VENEZUELA

COLOMBIE

ÉQUATEUR

PÉROU

EMPIRE DU
BRÉSIL

BOLIVIE

PARAGUAY

URUGUAY

CHILI

ARGENTINE

Les *caudillos* ont joué un rôle unificateur fondamental dans toute l'Amérique latine. Leur domination est fondée sur les contacts et les liens personnels avec le peuple, même s'ils exercent leur pouvoir dans le cadre de régimes autoritaires et dictatoriaux. Ils ont posé les bases de l'unification en permettant une stabilisation politique de pays bouleversés par le processus d'accès à l'indépendance.

Mode d'accession au pouvoir*

Élections**

Coup d'État

Désignation par l'Assemblée

Désignation ou succession au père

* Les modes d'accession au pouvoir ne permettent pas de différencier les types de régimes, tous sont hybrides.

** Les élections ne sont, à cette époque, pas une garantie de démocratie.

L'insertion du continent dans l'économie mondiale se réalise dans la seconde moitié du XIXᵉ siècle. Les croissances européenne et américaine créent une forte demande de matières premières. Le transport maritime et la division internationale du travail contribuent à la spécialisation de l'Amérique latine dans l'exportation de minerais et de produits agricoles. Elle en devient le premier fournisseur mondial. Les pays les plus stables politiquement sont les mieux placés pour répondre à cette nouvelle demande. La période qui suit la Première Guerre mondiale semble conduire à une ère de prospérité, mais cette insertion réussie est caractérisée par une dépendance forte.

Une situation de dépendance

CROISSANCE INÉGALE

La croissance et le développement des pays latino-américains, surtout à partir des années 1870, se fait de manière inégale. Dans certains pays tels que l'Argentine, les exportations profitent à toute la population, encouragent l'immigration et favorisent de nombreuses modernisations, comme le chemin de fer. Dans d'autres pays, la croissance profite aux compagnies étrangères ou aux grands propriétaires, *hacendados* ou *fazendeiros*, qui emploient une main-d'œuvre abondante et peu rémunérée. Dans les pays producteurs de fruits tropicaux, les sociétés nord-américaines telles que la United Fruit Company rapatrient leurs bénéfices. Le développement est aussi inégal à l'intérieur des pays, délaissant les régions où vivent les populations indigènes.

SPÉCIALISATION ET DÉPENDANCE

Les conditions d'insertion de ces économies ont été source de dépendance. Alors que certains pays se diversifient, la spécialisation en conduit d'autres à dépendre de quelques produits qui constituent la plus grande part de leurs revenus venant de l'étranger. Ils sont donc vulnérables aux fluctuations des cours de ces produits. Le contrôle qu'exercent les capitaux internationaux sur les économies nationales est important, des pays tels que l'Argentine et le Mexique attirant de nombreux investissements étrangers.

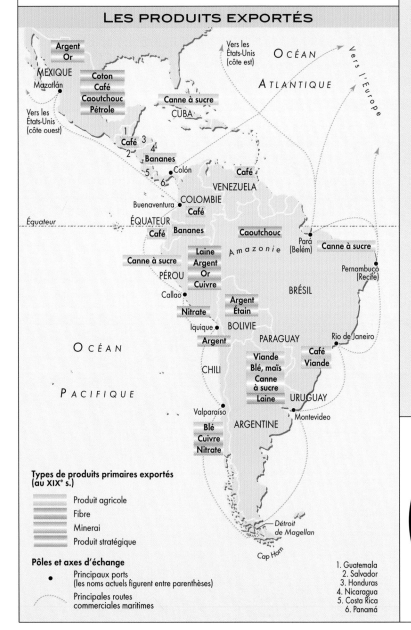

LES PRODUITS EXPORTÉS

Types de produits primaires exportés (au XIXᵉ s.)
- Produit agricole
- Fibre
- Minerai
- Produit stratégique

Pôles et axes d'échange
- Principaux ports (les noms actuels figurent entre parenthèses)
- Principales routes commerciales maritimes

1. Guatemala
2. Salvador
3. Honduras
4. Nicaragua
5. Costa Rica
6. Panamá

> " *Notre option est claire : on ne peut [...] aller à contre-courant de l'histoire. Plutôt, nous devrions promouvoir le développement [...] et combattre pour une meilleure insertion de l'Amérique latine.* "
>
> JOSÉ LUIS MACHINEA.

LE

LES RESSORTS DE LA DÉPENDANCE

DÉPENDANCE DES EXPORTATIONS

La majorité des pays latino-américains ne commercent qu'avec quelques pays, ce qui crée une dépendance vis-à-vis de la demande des pays importateurs. Le relâchement des liens commerciaux avec la Grande-Bretagne, au profit des États-Unis, au lendemain de la Première Guerre mondiale, n'a pas changé la position hégémonique des pays industrialisés sur le continent. Pendant cette guerre, les pays européens ne pouvant plus répondre à la demande de produits manufacturés, l'industrie commence à se développer en Amérique latine. Mais celle-ci n'emploie que de faibles effectifs et le manque d'industries de base accentue la dépendance envers les pays développés.

LA CRISE DE 1929

La croissance, alimentée par la hausse de la demande dans les années 1914-1930, ainsi que le développement de l'industrie permettent de cacher pour une courte durée les troubles causés par ce modèle de développement. La crise nord-américaine de 1929 plonge l'Amérique latine dans une phase de récession profonde et marque un tournant vers un système protectionniste d'industrialisation par substitution d'importation (ISI).

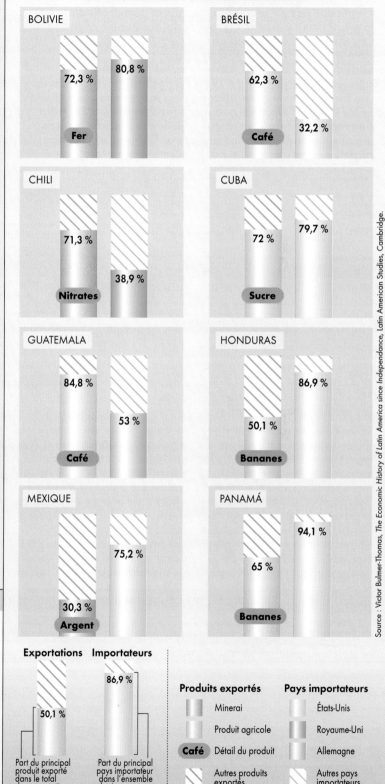

PRODUITS EXPORTÉS ET PAYS IMPORTATEURS

Source : Victor Bulmer-Thomas, *The Economic History of Latin America since Independance*, Latin American Studies, Cambridge.

LES INVESTISSEMENTS NORD-AMÉRICAINS

PRÉSENCE NORD-AMÉRICAINE DANS LE TOTAL DES INVESTISSEMENTS NORD-AMÉRICAINS ET BRITANNIQUES

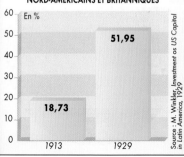

Source : M. Winkler, *Investment os US Capital in Latin America*, 1929

LES MODÈLES RÉVOLUTIONNAIRES

Au xxe siècle, l'Amérique latine connaît de nombreuses révolutions et de multiples tentatives pour renverser le pouvoir en place et instaurer de nouveaux régimes. Ces révolutions ont souvent recours à la violence, aboutissant au chaos et à des guerres civiles pour le contrôle du pouvoir, comme ce fut le cas de la révolution mexicaine en 1910. Les guérillas, la multitude des mouvements révolutionnaires, les révoltes populaires et les coups d'État marquent profondément le continent pendant un siècle. Les traces laissées façonnent encore les comportements et les projets politiques, et certains régimes révolutionnaires subsistent encore, tel Cuba.

CHRONOLOGIE

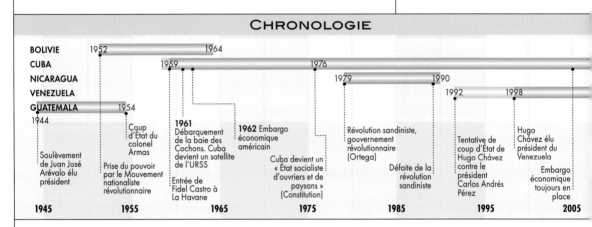

Les révolutions du xxe siècle

La révolution mexicaine, qui débute en 1910, est révélatrice du caractère enflammé du continent latino-américain durant ce siècle. Première grande révolution du siècle, porteuse d'un projet de réforme agraire, elle débute par un soulèvement contre la longue dictature modernisatrice du président Porfirio Díaz. Elle connaît une phase militaire, avec la dictature du général Huerta, pour déboucher sur une révolution institutionnalisée et un régime de parti unique. La révolution populaire bolivienne de 1952 porte à la tête du pays le Mouvement nationaliste révolutionnaire. L'armée est alors pratiquement démantelée et de puissants syndicats sont créés. La situation sociale et économique très pauvre des pays explique ces mouvements de révolte.

Cependant, la victoire castriste à Cuba marque une véritable rupture. Se met en place une révolution radicale socialiste, avec l'appui de l'Union soviétique dans le contexte de la guerre froide. Plus tard, la révolution sandiniste au Nicaragua, en 1979, tente de s'aligner sur le modèle cubain. Mais la plupart de ces révolutions se concluent tragiquement par un coup d'État. Seul le Nicaragua fait exception : l'échec de Daniel Ortega aux élections libres de 1990 traduit le rejet du modèle révolutionnaire socialiste et la lassitude de la guerre civile.

LA RÉVOLUTION MEXICAINE : CHRONOLOGIE

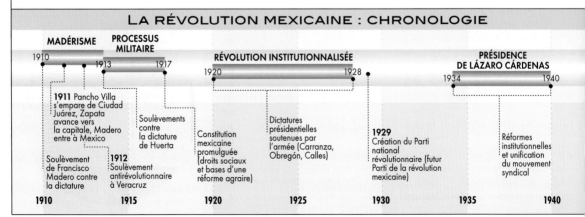

GUÉRILLAS ET COUPS D'ÉTAT PRÉVENTIFS

Mouvement ouvrier
Armée populaire de libération
Forces armées révolutionnaires
de Colombie

CUBA

3
★ 1963

GUATEMALA
★ **1** ★ 1963
1963

Mouvement gauche révolutionnaire
Forces armées de libération nationale

1968
2 ★

VENEZUELA

MR 13
Forces armées rebelles

Armée de libération
nationale
Avant-garde populaire
révolutionnaire

COLOMBIE

1963 ★

Équateur

ÉQUATEUR

★ ★
1962   1968

BRÉSIL

Mouvement de la gauche
révolutionnaire

PÉROU

Armée de libération
nationale

★ 1964
BOLIVIE

★ 1964

PARAGUAY

Colonne Guevara

CHILI

★ ★
1962   1966

Tupamaros

URUGUAY

Mouvement de la gauche
révolutionnaire

ARGENTINE

Forces armées du peuple
Armée guérilla du peuple
Forces armées révolutionnaires

1 000 km

Date de déclenchement de guérilla

1959   1962   1964

1960   1963   1966-1967

Les États hachurés ont connu deux ou trois guérillas dans
les années 1960.

Réaction aux « révolutions »

★ 1964   Coup d'État préventif

1. Honduras 2. Panamá
3. République dominicaine

Les mouvements révolutionnaires marxistes après Cuba

La révolution cubaine de 1959 fait de ce pays un point de tension important au sein du continent. La victoire de Fidel Castro sert de détonateur et encourage l'apparition de mouvements révolutionnaires marxistes en Amérique latine. Dans les années 1960, se répandent des idéaux de « lutte révolutionnaire » et se créent des mouvements de guérilla castro-guevaristes ou trotskistes, certains liés aux partis communistes, ou anti-impérialistes, voulant renverser les régimes en place. Che Guevara tente d'exporter la révolution cubaine en mettant en place des foyers insurrectionnels (*focos*), qui vont cependant échouer. Il fait une telle tentative en Bolivie, où il meurt en 1967. Le Brésil, le Chili et l'Uruguay connaissent principalement des guérillas urbaines. En République dominicaine, de nombreux foyers marxistes financés par Cuba sont ensuite mis en échec par les militaires. Ainsi, toutes ces guérillas sont défaites : les guérilleros ne parviennent pas à rallier les paysans et les nombreuses scissions au sein des groupes les affaiblissent.

Mais ces mouvements rebelles servent aussi à justifier le retour des régimes militaires. Pour tenter d'enrayer une possible contagion révolutionnaire, les militaires prennent le pouvoir, avec le soutien actif de bourgeoisies affolées et, presque partout, des États-Unis. Tous les coups d'État ne sont toutefois pas liés à l'onde de choc provoquée par la révolution cubaine et doivent bien plus à la conjoncture politique des pays concernés.

Les héritages actuels : Chávez, Castro

Après une tentative de coup d'État avortée en 1992 à la tête du Mouvement bolivarien révolutionnaire, l'ancien militaire Hugo Chávez est élu président du Venezuela en 1998. Réélu en 2000, ce personnage charismatique est apprécié par certains pour sa politique en faveur des plus pauvres. Il remporte le référendum révocatoire de 2004 organisé par l'opposition. Il est cependant critiqué, qualifié de populiste, anti-américain et antilibéral. Contrôlant l'industrie pétrolière de son pays, on l'accuse de dérive vers l'autoritarisme. Surtout, sa relation très privilégiée avec Fidel Castro lui est reprochée. Cuba reste jusqu'à ce jour le seul pays latino-américain ayant un régime révolutionnaire, depuis l'accession au pouvoir de Fidel Castro en 1959. La dictature castriste fait preuve d'une grande stabilité, grâce au soutien des organisations de masse qui contribuent au contrôle idéologique du pays. La succession du « Lider Maximo » devrait être assurée par son frère Raúl.

> « *Aujourd'hui, je prends de nouveau l'épée dans la main gauche et je la tiens prête pour mener les batailles qu'il faut mener pour la liberté et la justice du peuple bolivarien du Venezuela.* »
>
> HUGO CHÁVEZ, 10 AVRIL 2002.

MODES DE PEUPLEMENT

L'Amérique latine s'est peuplée par des vagues de migrations qui, au fil de quatre siècles, ont progressivement créé un mélange de peuples indiens, blancs, noirs et asiatiques. Depuis l'arrivée des Espagnols et des Portugais lors des grandes « découvertes » du XVIᵉ siècle jusqu'aux migrations du XXᵉ siècle, en passant par l'importation d'esclaves d'Afrique, le peuplement de l'Amérique latine est une chronique complexe. La richesse des colons espagnols et portugais arrivant dans le Nouveau Monde, mélangée aux cultures autochtones puis africaines, asiatiques et européennes, est constitutive de l'identité latino-américaine d'aujourd'hui.

Migrations passées et présentes

Les populations originelles d'Amérique latine, les Indiens (Aztèques, Incas, Mayas, etc.), furent pendant très longtemps les plus nombreuses sur le continent, malgré l'arrivée des colons européens venus chercher fortune dans le Nouveau Monde. En 1789, les Indiens représentaient 55,8 % de la population totale de l'Amérique latine, tandis que les Blancs n'en représentaient que 22,9 %, soit moins de la moitié. En dépit de cette supériorité numérique, les populations indigènes étaient exploitées par les colons et subissaient un inexorable déclin démographique.

ESCLAVAGE ET MÉTISSAGE

Au XVIIIᵉ siècle, peu satisfaits de leur main-d'œuvre autochtone, les colons mettent en place le « commerce triangulaire ». Entre 1701 et 1750, 790 200 esclaves noirs sont importés, essentiellement en provenance d'Angola. Ce peuplement modifie profondément la culture latino-américaine. Il

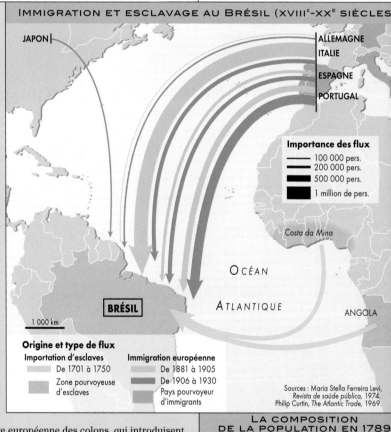

IMMIGRATION ET ESCLAVAGE AU BRÉSIL (XVIIIᵉ-XXᵉ SIÈCLES)

Importance des flux
— 100 000 pers.
— 200 000 pers.
— 500 000 pers.
— 1 million de pers.

1 000 km

Origine et type de flux

Importation d'esclaves
De 1701 à 1750
Zone pourvoyeuse d'esclaves

Immigration européenne
De 1881 à 1905
De 1906 à 1930
Pays pourvoyeur d'immigrants

Sources : Maria Stella Ferreira Levi,
Revista de saúde pública, 1974.
Philip Curtin, *The Atlantic Trade*, 1969.

en résulte un métissage entre la culture européenne des colons, qui introduisent notamment la religion catholique, et les rythmes, danses et croyances des esclaves noirs. Autres ingrédients du mélange : l'introduction par les Européens d'animaux domestiques comme le cheval, le mulet, le porc, le mouton ou le bœuf, va aussi modifier la vie, le travail et les habitudes alimentaires. Au XXᵉ siècle, l'arrivée de colons européens imprégnés de traditions de lutte syndicale modifie le panorama des mobilisations sociales.

Le métissage des populations est aujourd'hui très important. Mais le phénomène a été très progressif : au XVIIIᵉ siècle, seuls 10 % d'Espagnols épousaient des femmes indigènes, pratique qu'interdisait d'ailleurs l'Église au début de la colonisation. Le métissage n'est pas exempt de racisme et de ségrégations diverses : dans les pays à fortes composantes indiennes, comme le Pérou ou le Guatemala, ou noires, comme le Brésil, le rang social s'élève à mesure que blanchit la peau.

LA COMPOSITION DE LA POPULATION EN 1789

55,8 %   22,9 %

7,3 %

7,6 %

6,4 %

Indiens*   Blancs   Mulâtres[2]
Métis[1]   Noirs

* « Indiens sauvages » exclus
(1) Mélange blanc-indien (2) Mélange blanc-noir
Source : F. de Solano, *Estudios sobre la ciudad iberoamerica*, 1975.

RÉCENT RALENTISSEMENT DE L'IMMIGRATION

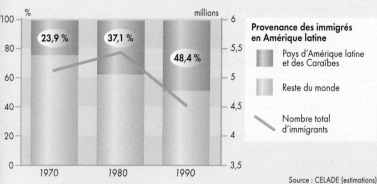

Provenance des immigrés en Amérique latine

- Pays d'Amérique latine et des Caraïbes
- Reste du monde
- Nombre total d'immigrants

Source : CELADE (estimations).

> " Il n'existe pas de peuples non civilisés. Il n'existe que des peuples de civilisations différentes.
>
> MARCEL MAUSS, 1901. "

L'ARGENTINE

Principal mouvement d'immigration actuel

Principal mouvement d'immigration passé (1930)

Boliviens

Italiens

Personnes nées à l'étranger

Personnes nées en Argentine

Source : CEPAL

Argentine : de l'immigation à l'émigration

Le cas de l'Argentine est spectaculaire. Dans ce pays, les récentes migrations se sont faites en deux vagues successives. La première, entre 1870 et 1929 : tandis qu'on comptait 132 742 immigrants résidents dans les années 1875-1880, on en dénombrait 1 538 240 dans les années 1904-1913. Ces immigrants sont arrivés principalement d'Europe (et notamment d'Italie et d'Espagne, les Espagnols représentant 10 % de la population du pays en 1914). À partir de 1930, l'immigration européenne s'amenuise et cède la place à une immigration plus régionale, les nouveaux immigrants arrivant surtout des pays limitrophes (Bolivie, Chili, Uruguay, Paraguay, Brésil). L'ouverture d'un Marché commun du Sud (Mercosur) en 1991 s'est traduite par une accélération des mouvements de population entre les quatre pays concernés (Argentine, Brésil, Uruguay, Paraguay).

Globalement, l'immigration a singulièrement diminué tout au long du XXe siècle. Entre 1914 et 1991, la proportion d'étrangers rapportée à la population totale du pays a baissé de 30 % à 5 %.

À l'occasion de la grande crise sociale puis économique qu'a connue le pays en 2001, les flux migratoires se sont inversés, avec une forte émigration vers l'Europe (Espagne et Italie) et les États-Unis. Ironie de l'histoire, de nombreux descendants des immigrants d'hier deviennent aujourd'hui des émigrés retournant dans leur pays d'origine.

Costa Rica : la question de l'intégration

Le Costa Rica, pays le plus développé et le plus politiquement stable d'Amérique centrale, a toujours constitué un pôle d'attraction dans la région. Les migrations en provenance du Nicaragua ont récemment connu deux vagues. Une première, pendant la guerre civile ayant suivi la révolution sandiniste de 1979, puis une deuxième dans les années 1993-1997, provoquée par la crise économique. Deux catastrophes naturelles ont aussi engendré des mouvements de population : le tremblement de terre à Managua en 1972 et le passage de l'ouragan Mitch en 1998.

En 1999, le Costa Rica propose une « amnistie migratoire » et régularise la situation de 250 000 Nicaraguayens. Il resterait toutefois au Costa Rica près de 100 000 Nicaraguayens illégaux, en sorte que le nombre total de ressortissants de ce pays est supérieur à 8 % de la population totale du Costa Rica (4 millions d'habitants), ce qui pose un délicat problème d'intégration.

LE COSTA RICA

Source : OIM.

Principal mouvement d'immigration actuel

Nicaraguayens

Personnes nées à l'étranger

Dont personnes nées dans un autre pays d'Amérique latine

Personnes nées au Costa Rica

Dès sa découverte, l'Amérique latine était connue pour les nombreuses richesses de son sol, qui ont attiré les colons espagnols et portugais. En effet, les ressources naturelles y sont variées et, aujourd'hui, elles jouent un rôle primordial dans le commerce mondial. Aux produits comme l'or, les pierres précieuses et les minerais, puis plus tard le pétrole ou le gaz naturel, se sont ajoutées d'autres ressources comme le café, la canne à sucre ou encore les bananes. L'exploitation de toutes ces ressources est devenue progressivement un enjeu économique majeur pour les pays latino-américains, à la fois source de richesse mais aussi de dépendance.

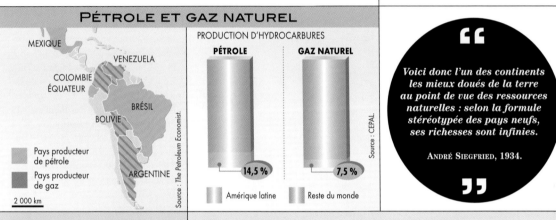

PÉTROLE ET GAZ NATUREL

MEXIQUE
VENEZUELA
COLOMBIE
ÉQUATEUR
BRÉSIL
BOLIVIE
ARGENTINE

Pays producteur de pétrole

Pays producteur de gaz

2 000 km

Source : The Petroleum Economist.

PRODUCTION D'HYDROCARBURES

PÉTROLE — 14,5 %

GAZ NATUREL — 7,5 %

Amérique latine — Reste du monde

Source : CEPAL.

> « Voici donc l'un des continents les mieux doués de la terre au point de vue des ressources naturelles : selon la formule stéréotypée des pays neufs, ses richesses sont infinies.
>
> ANDRÉ SIEGFRIED, 1934. »

Pétrole et gaz naturel

Le pétrole et le gaz naturel sont des ressources naturelles limitées en Amérique latine, mais elles ont une importance stratégique. En effet, la contribution de la région aux réserves mondiales est réduite, de l'ordre de 11,5 %. L'Amérique latine compte pour 14,5 % de la production mondiale de pétrole, soit moins de la moitié du Moyen-Orient. Les réserves de pétrole sont très concentrées : le Venezuela en possède à lui seul 64,6 %. Les autres pays concernés sont le Mexique, la Bolivie et l'Équateur.

Les réserves de gaz naturel sont également très concentrées, le Venezuela disposant de 52 % de celles-ci. Il a été estimé que, à son rythme actuel d'exploitation et de consommation, le Venezuela aurait une disponibilité de pétrole pour les soixante-dix prochaines années et de gaz naturel pour les quarante-trois prochaines années. Mais cette richesse n'est pas exempte de problèmes. Elle crée de la dépendance et génère de la corruption.

Minerais

Les sols d'Amérique latine contiennent de très grandes quantités et variétés de métaux, qui représentent une part notable des ressources des différents pays. Les mines de cuivre sont très importantes. La production a été multipliée par quatre ces vingt dernières années et représente, avec 44,7 %, la première production mondiale. La production des autres minerais a augmenté dans les mêmes proportions. Aujourd'hui, l'Amérique latine assure une part importante de la production mondiale de nombreux minerais : l'argent (40 %), la bauxite (26,2 %), le zinc (23,1 %), le plomb (19,7 %) et le nickel (15,2 %). Ces pourcentages traduisent l'immense richesse minière de l'Amérique latine et des pays les mieux dotés, comme le Brésil.

La vie économique de plusieurs pays d'Amérique latine est historiquement liée à l'exploitation de minerais, comme le Chili avec le cuivre, ou la Bolivie avec l'étain. Le contrôle de leur exploitation a marqué l'histoire politique et sociale de ces pays.

Or

Depuis quelques décennies, la production de minerais aurifères de la région a augmenté de manière fulgurante, ayant été multipliée par six durant les vingt dernières années (de 5,2 % en 1980 à 16,3 % de la production mondiale en 2002). Cette croissance a été fondamentale pour soutenir la production mondiale d'or, compensant la chute de la production en Afrique et en Amérique du Nord. Longtemps premier producteur d'or de la région, le Brésil a enregistré une chute de ses productions depuis 1988, cédant sa place au Pérou en 1996 (avec 40,7 % de la production régionale d'or) ; le Pérou occupe depuis 2002 la septième place mondiale. Derrière le Pérou, suivent le Brésil puis le Chili – deuxième producteur de la région jusqu'en 1996 – et l'Argentine. La production d'or des pays latino-américains est passée de 232,7 tonnes en 1993 à 368,4 tonnes en 2002. Ce minerai, qui a tant attiré les premiers colons espagnols et portugais aux XVIe et XVIIe siècles, demeure une importante source de richesse.

EXPLOITATION

Café

Le plus gros producteur mondial de café est aujourd'hui le Brésil, qui assure à lui seul environ 30 % de la production mondiale (17 des 26 États du Brésil cultivent du café). Derrière se trouve la Colombie, avec 13 % de la production mondiale. D'autres pays se singularisent par la qualité de leur production, le Costa Rica ou la Jamaïque par exemple. Au total aujourd'hui, dix des vingt principaux producteurs de café dans le monde sont latino-américains.

Dans les régions de production de ces pays, le café a apporté de la prospérité depuis la deuxième moitié du XIXe siècle. Souvent aux mains de petits producteurs, il a généré une société moins inégalitaire que celle des grandes plantations tropicales. La baisse des cours du café a néanmoins incité de nombreux producteurs à vendre leurs propriétés ces dernières années. Le café n'est plus le « grain d'or » qu'il a été, mais les petits producteurs sont de plus en plus défendus par les entreprises relevant du secteur du commerce équitable.

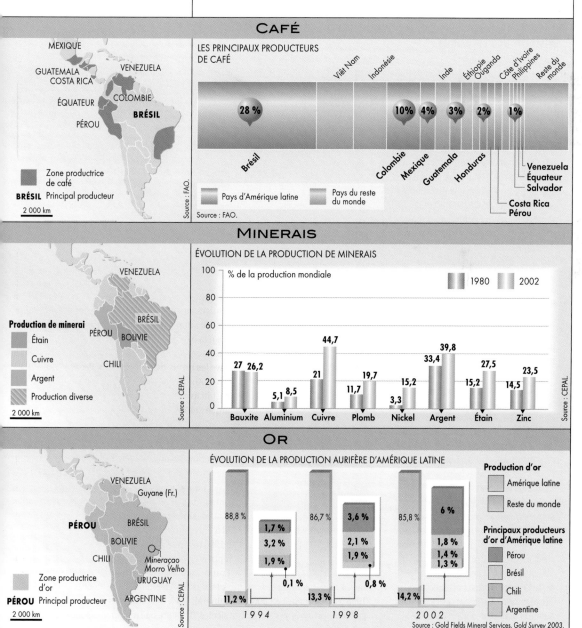

CAFÉ

LES PRINCIPAUX PRODUCTEURS DE CAFÉ

Source : FAO.

MINERAIS

ÉVOLUTION DE LA PRODUCTION DE MINERAIS

Source : CEPAL.

OR

ÉVOLUTION DE LA PRODUCTION AURIFÈRE D'AMÉRIQUE LATINE

Source : CEPAL.

Source : Gold Fields Mineral Services, Gold Survey 2003.

La question foncière en Amérique latine est un héritage de la période coloniale, pendant laquelle se mettent en place les latifundia, ces très grandes propriétés terriennes. Le caractère très inégalitaire de la structure foncière n'a depuis lors cessé de s'aggraver. Sous la pression des mouvements sociaux ou grâce à des gouvernements réformistes, certains pays ont réalisé des réformes agraires au XXᵉ siècle. Le problème de l'accès à la terre continue pourtant d'être d'actualité dans presque tous les pays et il y constitue une source de violence. Dans le même temps, les grands propriétaires continuent de peser sur la vie politique de nombreux pays.

Histoire des réformes agraires

La réforme agraire mexicaine est la première à être mise en œuvre, dès 1915, et sert de modèle. Le système de propriété collective qu'elle met en place (*ejido*) n'est abandonné qu'en 1991. Par la suite, d'autres réformes ont lieu, comme en Bolivie (1953) ou au Guatemala (1953), où les terres non exploitées sont redistribuées aux paysans. En 1959, un tournant s'opère : la révolution cubaine convainc les États-Unis de l'urgence des réformes afin de prévenir des explosions révolutionnaires dans des pays marqués par une structure foncière inégale. Grâce au programme de Kennedy « Alliance pour le progrès », ils encouragent la vague réformiste des années 1960. Les réformes ont deux objectifs : la croissance économique et la mise en cause du pouvoir des grands propriétaires, qui, dans certains cas, voient l'expropriation de leurs terres sans indemnisation aucune (Cuba, Nicaragua). Les terres expropriées sont rendues soit à des agriculteurs privés (Chili), soit à des exploitations collectives étatiques (Cuba) ou non (Pérou).
Le bilan est mitigé. Des progrès sont mesurables, mais les agriculteurs ont souvent manqué d'encadrement et les coopératives ont été mal gérées. Sur les 10 millions de familles de paysans sans terre que compte l'Amérique latine dans les années 1960, seul 1 million d'entre elles bénéficie d'une redistribution. Le problème demeure irrésolu à ce jour.

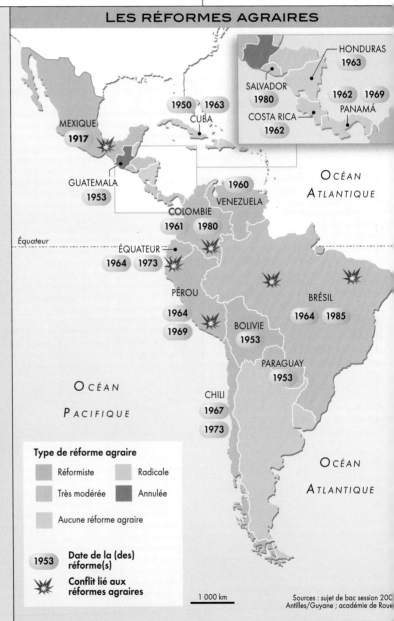

LES RÉFORMES AGRAIRES

HONDURAS 1963
SALVADOR 1980
COSTA RICA 1962
PANAMÁ 1962 1969
MEXIQUE 1917
CUBA 1950 1963
GUATEMALA 1953
VENEZUELA 1960
COLOMBIE 1961 1980
Équateur
ÉQUATEUR 1964 1973
PÉROU 1964 1969
BOLIVIE 1953
BRÉSIL 1964 1985
PARAGUAY 1953
CHILI 1967 1973
OCÉAN ATLANTIQUE
OCÉAN PACIFIQUE
OCÉAN ATLANTIQUE

Type de réforme agraire

Réformiste — Radicale
Très modérée — Annulée
Aucune réforme agraire

1953 Date de la (des) réforme(s)
Conflit lié aux réformes agraires

1 000 km

Sources : sujet de bac session 200 Antilles/Guyane ; académie de Roue

ENCES

La réforme agraire mexicaine

En raison de sa précocité et de son indéniable réussite, la réforme agraire mexicaine a longtemps servi de modèle pour celles qui suivront en Amérique latine. La révolution mexicaine de 1910 se développe en grande partie sur le thème « Terre et liberté », défendu notamment par Zapata. Le territoire est alors aux mains de très grands propriétaires. La réforme, engagée en 1917, prévoit la limitation de la propriété et la division des *latifundia*. Deux grands types de propriété se mettent en place.

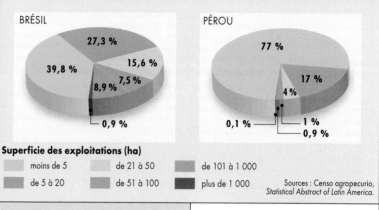

BRÉSIL

27,3 %
15,6 %
39,8 %
8,9 % 7,5 %
0,9 %

PÉROU

77 %
17 %
4 %
0,1 % 1 %
0,9 %

Superficie des exploitations (ha)

moins de 5 — de 21 à 50 — de 101 à 1 000
de 5 à 20 — de 51 à 100 — plus de 1 000

Sources : Censo agropecurio,
Statistical Abstract of Latin America.

Les *ejidos*, vecteurs principaux de la réforme, correspondent aux terres appartenant à l'État et distribuées aux paysans qui en jouissent collectivement, sans droit de propriété. Les petites propriétés permettent, à l'inverse, aux paysans de disposer de tous les droits sur leur terre.

Le bilan de cette réforme est positif sur le plan social mais critiquable sur le plan économique. Une fraction très importante de la population est bénéficiaire, mais la taille souvent réduite des exploitations et l'ambiguïté quant aux droits de propriété freinent le succès économique de la réforme. La propriété collective est toutefois préservée jusqu'en 1991, année où les *ejidos* sont supprimés. Les problèmes d'accès à la terre sont toujours d'actualité, en dépit de la réforme agraire. En 1994, le sous-commandant Marcos reprend le cri de Zapata « Terre et liberté » et lance la révolte zapatiste dans l'État du Chiapas, où la réforme agraire n'a jamais permis aux paysans indiens de pouvoir disposer de terres.

> "
> *La Terre, ce chantier
> qui nous rend si féroces.*
>
> Dante Alighieri,
> *Paradiso* XXI, 151.
> „

Pourquoi lier réforme agraire et propriété foncière ?

La réforme agraire, synonyme de transformation de la propriété de la terre, est liée aux caractéristiques de la propriété foncière. Toute réforme agraire part d'une volonté de corriger une extrême inégalité foncière afin de doter les paysans sans terre de moyens de subsistance. Cela se fait le plus souvent par l'expropriation des grandes propriétés, héritées de la période coloniale (*latifundia*), et le partage de celles-ci.

Ces réformes agraires poursuivent un objectif de croissance économique et de progrès social, l'inégalité foncière étant perçue comme un obstacle au développement. Il existe toutefois un débat sur les vertus de la réforme agraire, opposant les partisans d'une certaine modernisation, craignant un démantèlement de grandes propriétés productives au profit d'une agriculture de subsistance, aux partisans de l'équité sociale et de la défense des équilibres écologiques.

BRÉSIL : LES MEURTRES LIÉS AUX PROBLÈMES FONCIERS

VENEZUELA GUYANA — Guyane française
SURINAM
COLOMBIE
OCÉAN ATLANTIQUE
RORAIMA
AMAPÁ
RIO GRANDE DO NORTE
MARANHÃO
CEARÁ
AMAZONAS
PARAÍBA
ACRE
PARÁ
PIAUÍ
1
2
RONDÔNIA
MATO GROSSO
TOCANTINS
3
PÉROU
BAHIA
4
BOLIVIE
GOIÁS
MINAS GERAIS
CHILI
MATO GROSSO DO SUL
SÃO PAULO
ESPÍRITO SANTO
PARAGUAY
RIO DE JANEIRO
PARANÁ
SANTA CATARINA

Nombre de meurtres liés
aux problèmes fonciers
entre 1997 et 2003
99
20
10
1 5

Aucun meurtre

RIO GRANDE DO SUL
URUGUAY

500 km

Source : Commission pastorale de la terre.

1. Pernambuco
2. Alagoas
3. Sergipe
4. District fédéral

L'industrialisation de l'Amérique latine ne s'est réalisée de façon homogène ni à l'échelle du continent ni à l'échelle des pays. Les secteurs d'activité économique traditionnels (extraction minière ou exportation de produits agricoles) demeurent importants dans de nombreux États. Dans les pays qui ont développé une capacité de production industrielle substantielle, celle-ci s'est organisée autour de pôles de croissance très précisément localisés, comme Monterrey au Mexique ou São Paulo au Brésil, dont la prospérité n'a guère irradié. Ces concentrations industrielles sont à l'origine de la croissance urbaine et de phénomènes migratoires, délaissant de vastes zones à l'état d'abandon.

Les pôles de croissance : Monterrey et São Paulo

MONTERREY, au nord du Mexique, devient un important pôle industriel à la fin du XIXᵉ siècle. Dans les années 1880, l'agriculture et les petites fabriques de textiles de coton prospèrent. En 1882, Monterrey accueille le premier train « express » en provenance des États-Unis, cinq ans avant d'être relié à Mexico. L'existence de ce réseau ferroviaire prédispose Monterrey à devenir le siège des fonderies américaines qui veulent échapper aux droits de douane imposés aux États-Unis sur l'importation des minerais mexicains. À partir de 1890, l'installation de nombreuses autres industries dans la région est encouragée par les gouverneurs de l'État du Nuevo León, grâce à de généreuses exonérations fiscales. Les services bancaires se développent en parallèle à cette industrialisation, certes dépendante des investissements nord-américains, mais qui fait la fortune des grandes familles et apporte de la prospérité dans la région.

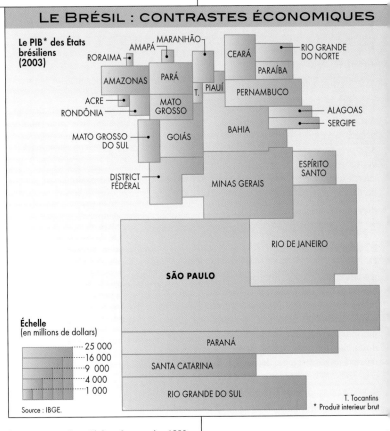

LE BRÉSIL : CONTRASTES ÉCONOMIQUES

Le PIB* des États brésiliens (2003)

Échelle (en millions de dollars)

---- 25 000
---- 16 000
---- 9 000
---- 4 000
---- 1 000

Source : IBGE.

T. Tocantins
* Produit intérieur brut

À SÃO PAULO, l'expansion de la culture et du commerce du café dans les années 1880 s'explique par la hausse de la demande en Europe et aux États-Unis. Les nouvelles voies ferrées permettent de relier les zones de production à la ville, qui devient un carrefour commercial et une place financière. À la chute de l'Empire centralisateur (1888), la République fédérale donne à la ville une autonomie financière qui lui permet de négocier des accords bancaires avec l'extérieur. Dans les années 1900-1910, les industries de transformation se multiplient grâce aux ressources tirées des exportations de café. Mais la grande crise de 1929 provoque des changements : les liens, encore étroits, entre exportations et investissements industriels, sont modifiés. Ainsi, la demande extérieure ne conditionne-t-elle plus comme avant le marché pauliste, qui devient relativement autonome. Dans les années 1960, l'industrie automobile s'installe en périphérie de la ville. São Paulo est aujourd'hui un puissant moteur du Mercosur et la capitale économique de l'Amérique latine.

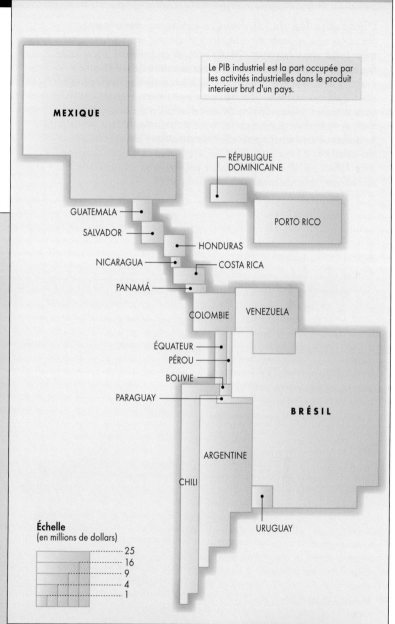

Le PIB industriel est la part occupée par les activités industrielles dans le produit interieur brut d'un pays.

MEXIQUE

RÉPUBLIQUE DOMINICAINE

PORTO RICO

GUATEMALA

SALVADOR

HONDURAS

NICARAGUA — COSTA RICA

PANAMÁ

COLOMBIE — VENEZUELA

ÉQUATEUR

PÉROU

BOLIVIE

PARAGUAY

BRÉSIL

ARGENTINE

CHILI

URUGUAY

Échelle
(en millions de dollars)

25
16
9
4
1

Répartition des activités économiques en Amérique latine

Les origines coloniales de l'Amérique latine transparaissent encore de nos jours dans la répartition des activités économiques sur le continent. À la spécialisation imposée par les puissances coloniales a succédé une division internationale du travail dans la deuxième moitié du XIXᵉ siècle, qui a contraint les pays à se consacrer à une production bien précise leur garantissant une niche sur les marchés mondiaux.

LA RÉPARTITION GÉOGRAPHIQUE. Trois groupes de production sont repérables encore aujourd'hui : les produits agricoles et l'élevage dans le cône sud (Argentine, Uruguay), les produits agricoles tropicaux (Brésil, Colombie, Équateur, Amérique centrale et Caraïbe) et les minerais (Mexique, Chili, Pérou, Bolivie). Certains pays comme le Venezuela, le Brésil et le Mexique ont une production variée. Il convient aussi d'ajouter le secteur énergétique (pétrole et gaz) qui concerne un petit groupe de pays (Venezuela, Bolivie, Équateur, Mexique, Brésil).

ZONES DÉSERTES ET CONCENTRATIONS INDUSTRIELLES. À l'intérieur de ces pays comme à l'échelle du continent, la géographie des activités économiques fait encore apparaître de vastes zones désertes, où les populations rencontrent des difficultés à survivre (zones montagneuses, forêts tropicales notamment). La faiblesse des infrastructures ne contribue guère à leur désenclavement. Cette Amérique latine « inutile » est en régression à la faveur de l'urbanisation, mais la concentration industrielle dans les grandes villes, voire dans les capitales, est une tendance qui s'accentue.

> « Chez les peuples pauvres d'Amérique, l'ère industrielle est peut-être une « nouvelle frontière » ; elle est en tout cas une espérance.
>
> FRANÇOIS CHEVALIER, 1977.

URBANISATION ET EXCLUSION

L'urbanisation de l'Amérique latine se développe dans la deuxième moitié du XXᵉ siècle, soit plus tard que celle de l'Europe. Pourtant, le continent possède un taux d'urbanisation proche de celui de l'Europe (70 %) et il est de nos jours le berceau de véritables métropoles mondiales qui peuvent être considérées comme des villes-États. Mexico et São Paulo figurent parmi les plus grandes villes du monde. Cette croissance urbaine s'accompagne de l'apparition de poches de misère, d'exclusion et de violence. L'organisation des villes subit de véritables mutations et l'exclusion sociospatiale demeure bien présente.

L'exclusion sociospatiale

L'une des caractéristiques générales des agglomérations urbaines d'Amérique latine est l'exclusion sociospatiale, due souvent à un urbanisme incontrôlé entraînant un manque de services publics dans les zones les plus défavorisées. De plus, la très forte croissance démographique rend difficile une planification de la ville par les agences de régulation : l'apparition de « quartiers champignons » à Santiago du Chili dans les années 1980 en est une bonne illustration. Les fréquentes occupations de terrains à Lima en sont une autre. Les moyens de lutte contre ces disparités ne sont pas toujours adaptés : la construction de logements sociaux par les pouvoirs publics ne s'adresse qu'à une partie limitée de la population qui se trouve en condition précaire et les mécanismes mis en place pour appuyer ces politiques ont échoué, comme le fut le cas de la BNH (Banque nationale du logement) au Brésil. Ceci a entraîné l'apparition de sous-cultures et une bipolarisation de la société selon les oppositions entre différentes couches sociales. Les cultures urbaines sont très vivantes en Amérique latine et permettent aux populations exclues de canaliser leur frustration sociale.

Désormais, les États adoptent de nouveaux types de politique pour combattre l'exclusion sociospatiale : il ne s'agit plus d'éradiquer les zones difficiles mais de les « humaniser », comme au Pérou, avec les « installations humaines », ou au Brésil avec les *favelas*.

CROISSANCE URBAINE ET PRINCIPALES VILLES

MEXIQUE
Mexico 19 millions
OCÉAN ATLANTIQUE
CUBA
HAÏTI
RÉP. DOMINICAINE
PORTO RICO
BELIZE
HONDURAS
GUATEMALA
SALVADOR
NICARAGUA
COSTA RICA
PANAMÁ
VENEZUELA
COLOMBIE
Équateur
ÉQUATEUR
BRÉSIL
PÉROU
BOLIVIE
São Paulo 18,3 millions
OCÉAN PACIFIQUE
PARAGUAY
Rio de Janeiro 11,5 millions
CHILI
URUGUAY
ARGENTINE
Buenos Aires 13,3 millions

Taux d'urbanisation*
- plus de 80 %
- de 70 à 80 %
- de 60 à 69 %
- de 50 à 59 %
- moins de 50 %

Moyenne de l'Amérique latine 75,5%

Taille des principales villes du continent
(nombre d'habitants)
- de 750 000 à 1 million
- de 1 à 2 millions
- de 2,1 à 3 millions
- de 3,1 à 5 millions
- de 5,1 à 10 millions
- de 10,1 à 15 millions
- plus de 15 millions

Source : POPIN.

1 000 km

* Taux d'urbanisation : pourcentage de la population totale vivant en ville.

«

São Paulo, comme tu étais et comme tu es devenu ! Je ne peux plus te tutoyer : noble comme tu es, tu mérites aujourd'hui que je t'appelle Excellence.

ALFREDO MOREIRA PINTO,
A CIDADE DE SÃO PAULO EM 1900.

 »

LE CAS DE SÃO PAULO

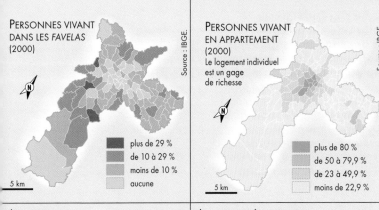

PERSONNES VIVANT
DANS LES *FAVELAS*
(2000)

Source : IBGE.

- plus de 29 %
- de 10 à 29 %
- moins de 10 %
- aucune

5 km

PERSONNES VIVANT
EN APPARTEMENT
(2000)
Le logement individuel
est un gage
de richesse

Source : IBGE.

- plus de 80 %
- de 50 à 79,9 %
- de 23 à 49,9 %
- moins de 22,9 %

5 km

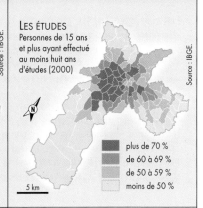

LES ÉTUDES
Personnes de 15 ans
et plus ayant effectué
au moins huit ans
d'études (2000)

Source : IBGE.

- plus de 70 %
- de 60 à 69 %
- de 50 à 59 %
- moins de 50 %

5 km

LES SALAIRES
Répartition
de la population
par niveau de revenu
(2000)

Source : IBGE.

- Surreprésentation
des personnes gagnant
au moins dix fois
le salaire minimum
- Surreprésentation
des personnes gagnant
moins d'un demi-salaire
minimum

5 km

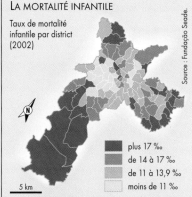

LA MORTALITÉ INFANTILE
Taux de mortalité
infantile par district
(2002)

Source : Fundação Seade.

- plus 17 ‰
- de 14 à 17 ‰
- de 11 à 13,9 ‰
- moins de 11 ‰

5 km

Mexico, réhabilitation urbaine

En 1970, Mexico comptait 9 millions d'habitants. La ville connaît une croissance spectaculaire et atteint le cap des 14 millions d'habitants en 1980. Cette croissance est la conséquence de la dynamique économique et sociale du Mexique de l'après-guerre : le pays étant relativement fermé au commerce extérieur, les entreprises se sont orientées vers le marché national. Elles se sont concentrées sur la ville de Mexico, principal centre de consommation du pays. Le développement de la capitale a provoqué un exode rural massif vers la ville.

Les nouveaux arrivants se sont en général installés dans des zones à risque élevé (le sol est très instable à Mexico, car la ville est construite sur un lac asséché). Ces populations n'ont pas accès aux services sociaux de base. Leur installation en périphérie a aggravé la ségrégation sociospatiale, qui commence à être très marquée dans la ville. Pendant les décennies 1980 et 1990, la croissance de la ville a stagné : la ville a gagné 4 millions d'habitants en vingt ans pour atteindre presque 18 millions en 2000, ce qui a fait de Mexico la deuxième plus grande ville du monde. En 1985, un tremblement de terre a causé la mort de 10 000 personnes et la destruction de 6 000 immeubles. Cet événement, associé à la ségrégation sociospatiale persistante, a conduit les gouvernements récents de la ville à développer d'ambitieux programmes de réhabilitation urbaine.

L'INDICE DE VULNÉRABILITÉ JUVÉNILE
(2000)

L'indice présente des
facteurs socioéconomiques
et démographiques
potentiellement
capables
d'affecter la vie
d'un jeune.

Source : Fundação Seade.

- très élevé
- élevé
- moyen
- bas
- très bas

5 km

L'urbanisation à São Paulo

Le processus d'urbanisation de la ville de São Paulo a commencé à la fin du XIXᵉ siècle. Par sa rapidité et son ampleur, la croissance de la ville a engendré des effets pervers et des fractures. Ceci se reflète dans la répartition de la population, miroir d'une exclusion sociale et spatiale caractéristique de tout le Brésil. Les populations pauvres, bien souvent noires, ont été systématiquement rejetées en périphérie, mais elles ont aussi envahi certaines zones du centre. Cette exclusion est symbolisée par la prolifération des *favelas*, véritables bidonvilles souvent situés en périphérie et n'ayant pas accès aux services urbains, mais aussi incrustés au centre. Seuls 26 des 70 districts municipaux ne contiennent pas de *favelas*. Dans les zones de *favelas* se concentrent les niveaux de violence les plus élevés et tous les indicateurs de marginalisation sociale. L'économie informelle et les trafics y font vivre une bonne partie de la population. L'exclusion est aussi présente dans le domaine de l'éducation : dans 24 districts, moins de la moitié de la population âgée de plus de 15 ans dispose au moins de huit ans d'études, tandis que dans le centre ce taux atteint 89,9 %. Les populations moins aisées ont donc des conditions de vie très précaires et peu d'opportunités de progrès. De leur côté, les populations aisées ont tendance à se renfermer de plus en plus dans des ghettos. Les quartiers fermés et gardés par des forces de sécurité privées font partie du paysage urbain.

LES ACTIVITÉS ÉCONOMIQUES

L'Amérique latine présente une très grande diversité d'activités économiques et la place de chaque secteur varie d'un pays à l'autre. Mais des tendances globales sont repérables à l'échelle du continent : l'industrialisation et la tertiarisation prennent une place de plus en plus importante dans l'ensemble des pays depuis vingt ans, ce qui illustre une mutation profonde des économies. Parallèlement, certains pays ont cherché à se spécialiser dans une activité spécifique au niveau mondial. Tourisme, banque, agrobusiness et secteur manufacturier sont désormais des exemples représentatifs qui révèlent une volonté d'intégration dans l'économie mondiale.

LES SECTEURS DE L'ÉCONOMIE

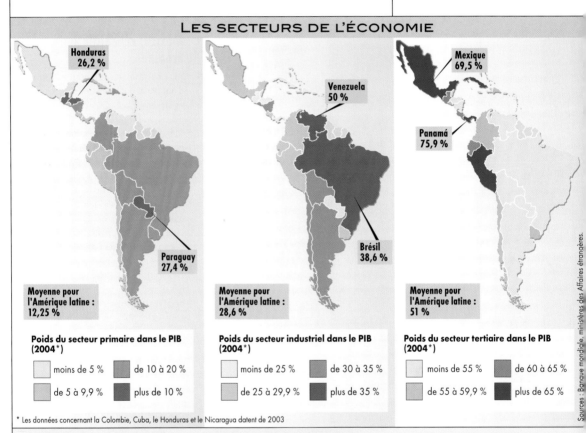

Honduras 26,2 %
Paraguay 27,4 %
Moyenne pour l'Amérique latine : 12,25 %

Poids du secteur primaire dans le PIB (2004*)
- moins de 5 %
- de 5 à 9,9 %
- de 10 à 20 %
- plus de 10 %

Venezuela 50 %
Brésil 38,6 %
Moyenne pour l'Amérique latine : 28,6 %

Poids du secteur industriel dans le PIB (2004*)
- moins de 25 %
- de 25 à 29,9 %
- de 30 à 35 %
- plus de 35 %

Mexique 69,5 %
Panamá 75,9 %
Moyenne pour l'Amérique latine : 51 %

Poids du secteur tertiaire dans le PIB (2004*)
- moins de 55 %
- de 55 à 59,9 %
- de 60 à 65 %
- plus de 65 %

* Les données concernant la Colombie, Cuba, le Honduras et le Nicaragua datent de 2003

Sources : Banque mondiale, ministères des Affaires étrangères.

Les nouveaux secteurs clés : tertiarisation et industrialisation

Depuis vingt ans, les activités économiques connaissent deux mutations : la tertiarisation et l'industrialisation. Le secteur agricole est globalement en retrait (particulièrement en Amérique centrale, en Colombie et en Bolivie). Il représentait 15,4 % du PIB de la région en 1984 ; il n'est plus que de 11,5 % en 2004.

LA TERTIARISATION. La tertiarisation des économies est une tendance lourde en Amérique latine. Le secteur tertiaire as-

sure plus de 50 % du PIB dans quasiment tous les pays latino-américains. Le commerce, la restauration, la finance, les services fournis aux entreprises sont désormais le signe d'une modernisation de l'économie. Le tourisme est une activité représentative de cette mutation, surtout au Mexique et dans les Caraïbes. Parmi les 54 millions de touristes internationaux que l'Amérique latine a reçus en 2003, 17 millions se sont rendus dans les Caraïbes et 18 millions au Mexique,

soit 65 % des arrivées dans la zone. Les deux régions ont également assuré environ 20 % des revenus tirés du tourisme dans le continent américain.

L'INDUSTRIALISATION. Parallèlement, l'industrialisation s'est développée : la part des exportations du secteur manufacturier dans les exportations totales de la région est passée de 21 % en 1990 à 31 % en 2003. Les pays ont orienté leur production industrielle pour l'exportation.

L'ÉVOLUTION DU SECTEUR AGRICOLE

Moyenne pour l'Amérique latine : - 5 %

Salvador - 21 %

Chili + 2,7 %

Source : Annuario estadistico de America Latina 2004, CEPAL.

Taux d'évolution du poids du secteur agricole dans le PIB 1984-2004

Baisse	Stabilité
de - 3 à - 1 %	0
de - 8 à 5 %	**Hausse**
plus de - 15 %	plus de + 1 %

Trois exemples de réussite

AGROBUSINESS. Au Brésil, l'industrie agroalimentaire a connu un essor impression-nant : la production agricole s'est accrue de 52 % de 1993 à 2003. Le recours aux techniques modernes de production (mécanisation, engrais, OGM) a favorisé la mise en place d'une agriculture productive et intensive, et l'accroissement de la pro-ductivité. Ainsi, le Brésil est aujourd'hui le premier producteur mondial de sucre, de maté et de jus d'orange. Le secteur agroalimentaire est essentiel pour l'économie brésilienne : le pays a destiné 30 % de sa production agricole à l'exportation, ce qui lui a permis d'avoir un excédent commercial de 34,2 milliards de dollars en 2004.

MAQUILADORAS. Au Mexique, le gouvernement a encouragé l'installation d'entre-prises de sous-traitance industrielle, les *maquiladoras*, depuis les années 1960. Le but était d'attirer des capitaux étrangers pour créer des entreprises réalisant une production destinée à l'exportation. Dans les années 1980, le secteur s'impose comme modèle de développement : les *maquiladoras* permettent l'entrée des capi-taux nécessaires pour le remboursement de la dette. La crise de 1994 et l'Accord de libre-échange nord-américain (Alena) renforcent la place de cette activité dans l'économie. Aujourd'hui, elle assure 48,5 % des exportations mexicaines et permet au Mexique d'être le 2e pays émergent receveur d'investissements, le 8e exportateur mondial et la 1re économie latino-américaine. Le Mexique possède de grands groupes industriels comme Bimbo (1er producteur mondial de boulangerie indus-trielle) et Cemex (3e producteur mondial de ciment).

LES SERVICES. Le Panamá est le seul pays d'Amérique latine où les services occupent une place aussi importante que dans les pays développés (75 % du PIB). Sa situation géographique stratégique lui a permis de développer le commerce et de devenir un centre international de services : la zone franche de Colón assure 7 % du PIB et le Centre bancaire international, 14 %. Avec 75 banques, Panamá est la 4e place ban-caire mondiale. Le pays s'oriente vers le tourisme et les télécommunications.

Notre économie change jour après jour et, en ce sens, elle est toujours « nouvelle ».

ALAN GREENSPAN.

DES POLITIQUES ÉCONOMIQUES DIFFÉRENTES. Certains pays ont accompagné leur ter-tiarisation par une politique de créa-tion d'industries pour l'exportation (Mexique, pays d'Amérique centrale) ; d'autres ont accéléré ou maintenu le développement d'une économie de ser-vice à des hauts niveaux (Panamá, Uru-guay, Équateur) ; ailleurs, la tendance est à la tertiarisation malgré une cer-taine stabilité des structures écono-miques plus traditionnelles.

LE TOURISME DANS LE GOLFE DU MEXIQUE

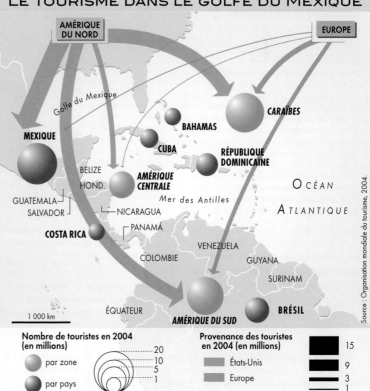

AMÉRIQUE DU NORD

EUROPE

Golfe du Mexique

CARAÏBES

BAHAMAS

MEXIQUE

CUBA

RÉPUBLIQUE DOMINICAINE

BELIZE

HOND.

AMÉRIQUE CENTRALE

Mer des Antilles

OCÉAN ATLANTIQUE

GUATEMALA
SALVADOR

NICARAGUA

PANAMÁ

COSTA RICA

VENEZUELA

COLOMBIE

GUYANA

SURINAM

ÉQUATEUR

AMÉRIQUE DU SUD

BRÉSIL

Source : Organisation mondiale du tourisme, 2004.

1 000 km

Nombre de touristes en 2004 (en millions)

20
10
5
1

par zone

par pays

Provenance des touristes en 2004 (en millions)

États-Unis

Europe

15
9
3
1

DE TRÈS GRANDES INÉGALITÉS

L'Amérique latine est le continent où les inégalités sont les plus marquées au monde. La région se caractérise en effet par de très forts écarts de niveau de vie, perceptibles à différentes échelles : entre les pays, à l'intérieur des pays et à l'intérieur des grandes villes. À ces trois niveaux, le même phénomène se répète : les activités économiques les plus performantes se concentrent dans certains pays, dans certaines régions d'un même pays et dans quelques zones d'une même agglomération. Cette localisation fait alors varier le revenu par habitant : les pays, régions ou zones urbaines les plus dynamiques sont ceux qui ont le PIB par habitant le plus élevé.

" *L'Amérique latine n'est pas le continent le plus pauvre, mais peut-être bien le plus injuste.* "

Ricardo Lagos.

Inégalités entre les pays

Le revenu par habitant est très hétérogène sur le continent. Si la moyenne régionale était de 3 250 dollars en 2002, il existe de fortes disparités entre les deux extrêmes : le Mexique, avec 6 060 dollars, et la Bolivie, avec 871 dollars. Les pays se répartissent en quatre catégories : PIB par habitant faible (Bolivie, Paraguay, Nicaragua, Honduras) ; moyen (Brésil, Colombie, Équateur, Salvador, Guatemala et Pérou) ; élevé (Argentine, Chili, Costa Rica, Panamá, Uruguay, Venezuela) ; très élevé (Mexique).

Cette géographie dessine des zones de pauvreté (l'Amérique centrale et les Andes), correspondant à des économies peu dynamiques, handicapées par des taux de croissance démographique relativement élevés. Dans les zones de relative prospérité (le cône sud surtout), l'industrialisation et l'urbanisation vont de pair avec une fécondité plus modeste. Quelques pays font figure d'exception, comme le Costa Rica et le Panamá, pays traditionnellement les plus développés d'Amérique centrale. Au Mexique, l'Accord de libre-échange nord-américain (Alena) a dynamisé l'économie, le PIB par habitant ayant doublé en dix ans.

Les progrès réalisés demeurent éminemment fragiles. La crise économique argentine de 2001 a, par exemple, fait reculer les indices de développement du pays et d'une partie du continent de cinq ans en arrière. Dans l'ensemble, l'Amérique latine reste une « classe moyenne » mondiale, aux progrès lents par comparaison à l'Asie.

À L'ÉCHELLE DU CONTINENT

Haïti 316 dollars

Mexique 6 060 dollars

Bolivie 871 dollars

Chili 4 523 dollars

PIB par habitant en 2003 (en dollars)

- plus de 4 000
- de 3 000 à 4 000
- de 2 000 à 2 999
- de 1 000 à 1 999
- moins de 1 000

1 500 km

Sources : CEPAL, Annuaire statistique d'Amérique latine, 2004.

Inégalités au sein de chaque pays

Les pays latino-américains présentent de très fortes disparités régionales en termes de PIB par habitant, correspondant à de fortes asymétries de développement. Dans de nombreux pays, les principales activités économiques se concentrent dans peu de régions.

Le Mexique est un bon exemple. Les États du Nord, situés tout au long de la frontière avec les États-Unis, concentrent l'essentiel des activités économiques. Si le PIB par habitant était de 6 060 dollars en 2003, la différence entre le Nord, la capitale et le reste du pays est très élevée : la ville de Mexico connaît le revenu par habitant le plus élevé, 22 000 dollars en 2002, ce qui la place à un niveau proche de celui des pays développés. À l'autre extrême, le revenu par habitant au Chiapas (État du Sud-Ouest) n'était que de 3 360 dollars, revenu proche de la moyenne des pays intermédiaires.

Les mêmes disparités se retrouvent au Brésil, où le PIB par habitant des États les plus pauvres représente un dixième de celui des États les plus riches. Le triangle São Paulo-Belo Horizonte-Brasília a ainsi été comparé à une Belgique enclavée au milieu de l'Inde.

Toutefois, tous les États de la région ne connaissent pas des disparités régionales aussi accentuées. En Uruguay, l'écart en termes de PIB par habitant allait, en 2002, de 4 880 dollars dans la région de Montevideo à 2 170 dollars dans la région d'Artigas (nord-ouest).

À L'ÉCHELLE D'UN PAYS : L'URUGUAY

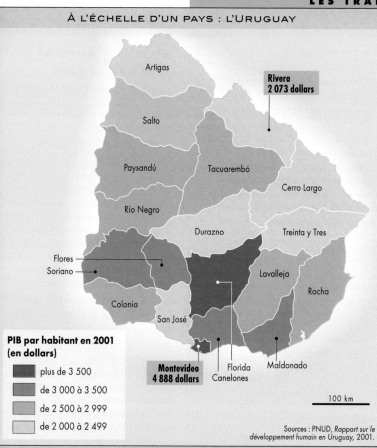

Rivera
2 073 dollars

Montevideo
4 888 dollars

PIB par habitant en 2001
(en dollars)

- plus de 3 500
- de 3 000 à 3 500
- de 2 500 à 2 999
- de 2 000 à 2 499

100 km

Sources : PNUD, Rapport sur le
développement humain en Uruguay, 2001.

Inégalités à l'échelle d'une agglomération

MEXICO est exemplaire : les inégalités de revenu qui existent dans le pays se retrouvent dans la ville. Le dynamisme économique y est concentré dans les *delegaciones* (municipalités) du centre-ouest de la ville : les centres financiers et commerciaux se trouvent surtout dans cette zone. Ainsi, l'écart en termes de revenu par habitant allait, en 2002, de 29 650 dollars (revenu par habitant comparable à celui de l'Allemagne) dans la municipalité de Benito Juárez, à 8 400 dollars dans la municipalité de Tláhuac. Il est alors facile de distinguer les quartiers favorisés et défavorisés, et ceux où vivent les classes moyennes urbaines.

À SÃO PAULO, au Brésil, de même, les écarts de richesse à l'échelle de l'agglomération sont considérables entre le centre et les périphéries, et dans de nombreux quartiers les complexes résidentiels de luxe prennent l'apparence de véritables ghettos. À Rio de Janeiro, les *favelas* jouxtent la plage et les appartements luxueux, accentuant les contrastes de richesse.

À L'ÉCHELLE D'UN PAYS : LE MEXIQUE

300 km

District fédéral
22 212 dollars

Chiapas
3 364 dollars

PIB par habitant en 2002
(en dollars)

- plus de 13 000
- de 10 000 à 13 000
- de 8 000 à 9 999
- de 5 000 à 7 999
- moins de 5 000

Municipalités
à haut revenu

1. Zacatecas
2. San Luis Potosí
3. Aguascalientes
4. Guanajuato
5. Querétaro
6. Hidalgo
7. État de Mexico
8. Morelos
9. Tlaxcala
10. Puebla

Sources : PNUD,
Rapport sur le développement
humain au Mexique, 2004.

À L'ÉCHELLE D'UNE AGGLOMÉRATION : MEXICO

Benito Juárez
29 648 dollars

Milpa Alta
5 963 dollars

PIB par habitant en 2002
(en dollars)

- plus de 20 000
- de 13 000 à 20 000
- de 10 000 à 12 999
- moins de 10 000

Sources : PNUD, Rapport sur
le développement humain
municipal au Mexique, 2002-2003.

LES CRISES ÉCONOMIQUES

L'histoire de l'Amérique latine est traversée par des crises économiques : depuis l'époque coloniale, où le continent ressentait, par «réflexe», les effets des dérèglements européens, jusqu'aux années récentes, où l'Amérique latine se caractérise par une grande vulnérabilité aux turbulences financières internationales, en passant par la terrible crise de 1929 ou la crise de la dette des années 1980. Les effets économiques, sociaux et politiques de ces crises ont souvent été dévastateurs et durables. Depuis 1980, les pays de la région ont été affectés par une trentaine de crises en moins de trente ans. Toutefois, les crises économiques ont changé de nature et tous les pays ne sont pas affectés de la même façon.

Les crises, un phénomène qui a changé de nature

L'histoire économique de l'Amérique latine se caractérise, au cours des XXᵉ et XXIᵉ siècles, par l'instabilité et la volatilité financière.

La crise qui éclate en 1929 est la première à s'étendre des États-Unis vers les pays latino-américains : les exportations de matières premières étant essentielles pour la région, la baisse des cours sur les marchés mondiaux provoque une diminution des revenus des pays du continent, les plongeant dans une crise sans précédent.

Vient ensuite la crise des années 1970, consécutive aux chocs pétroliers. Hormis les pays producteurs de pétrole (Venezuela, Mexique), tous souffrent du renchérissement du prix de l'énergie et s'endettent.

La décennie suivante, la crise de la dette est le produit de la hausse des taux d'intérêt des prêts octroyés par les organismes multilatéraux (FMI, Banque mondiale). La baisse des revenus tirés des exportations empêche les pays latino-américains de rembourser les intérêts de leur dette, ce qui provoque des crises bancaires et pousse les pays à négocier des rééchelonnements, soumis à l'application de politiques d'ajustement structurel. Le groupe de Carthagène, réunissant onze pays de la région, obtient des États-Unis deux plans contribuant à alléger ou à faciliter le paiement de la dette. Tous deux se soldent par des échecs.

Au cours des années 1990, l'Amérique latine connaît des crises bancaires et financières, qui se manifestent par une dévaluation des monnaies, une fuite massive de capitaux, détruisant les structures bancaires des pays.

À ces crises il convient d'ajouter le poids que la dette continue de représenter et les nouvelles difficultés pour la négocier : la dette représente aujourd'hui 44,5 % du PIB de l'Amérique latine, et 65 % de cette dette doivent être payés au secteur privé (auparavant, les organismes multilatéraux consentaient la majorité des crédits). Il n'y a donc plus d'intermédiaires pour négocier : les pays doivent rembourser directement à des milliers d'épargnants.

LE CONTINENT DES CRISES

MEXIQUE
1981 1994

RÉP. DOMINICAINE
2003

SALVADOR
1989

COSTA RICA
1987

VENEZUELA
1994

COLOMBIE
1982 1999

ÉQUATEUR
1982 1996 1998

PÉROU
1993

BRÉSIL
1990 1994

BOLIVIE
1986 1994

PARAGUAY
1995

OCÉAN ATLANTIQUE

OCÉAN PACIFIQUE

Équateur

CHILI
1976
1981

URUGUAY
1981 2001

ARGENTINE
1980 1989
1995 2001

1 000 km

Récurrence des crises

Nombre de crises économiques par pays depuis 1975

4   2
3   1

1995 Date de début d'une crise

Sources : FMI. *Finances et développement*, septembre 2000.

Six crises majeures

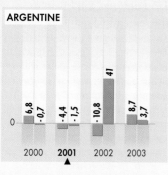

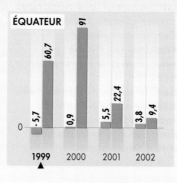

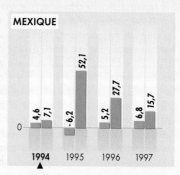

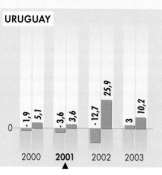

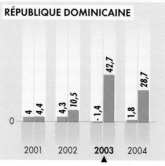

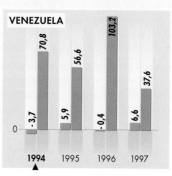

■ Taux de croissance du PIB (en %)   ■ Taux de variation de l'inflation (en %)   **1999**
▲ Année de déclenchement de la crise

Source : CEPAL.

Conséquences sociales des crises : l'exemple de l'Argentine

Les crises économiques des années 1990 et 2000 ont eu des conséquences catastrophiques au plan social. Partout, la pauvreté et l'indigence (incapacité de subvenir aux besoins alimentaires) ont progressé de façon spectaculaire. Le cas de l'Argentine en 2001 est extrême. La proportion de la population vivant en situation de pauvreté dans le grand Buenos Aires est passée de 19,7 % à 41,5 % entre 1999 et 2002. L'extrême pauvreté s'est élevée de 4,8 % à 18,6 % de la population. Près d'un ménage sur deux a vu son niveau de revenus diminuer pendant la crise. Les ménages ont perdu leurs protections sociales et ont fait appel aux réseaux sociaux : 61 % des ménages ont déclaré avoir perdu toute forme de couverture médicale et leur taux de participation dans les organisations communautaires est passé de 11 % à 21 %. Toutefois, l'Argentine a rapidement entamé sa récupération. Entre 2002 et 2004, la pauvreté baisse de 16 points et l'indigence de 9,8.

> *Nous vous invitons à voir la souffrance et les réussites qu'a connues l'Argentine ; nous vous invitons à voir la très dure expérience que nous avons traversée ; nous vous invitons à prendre en compte la lente reconquête de notre amour-propre.*
>
> Néstor Kirchner, 2005.

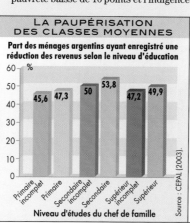

LA PAUPÉRISATION DES CLASSES MOYENNES

Part des ménages argentins ayant enregistré une réduction des revenus selon le niveau d'éducation

Source : CEPAL (2003).

LA LUTTE CONTRE LA PAUVRETÉ

La question du développement est un problème récurrent en Amérique latine. Malgré un effort généralisé depuis le début des années 1990, peu de gouvernements latino-américains ont réussi à instaurer les bases d'un développement soutenu et profitable à l'ensemble de la population. Les pays de la région, écrasés sous le poids de la dette et soumis aux affres de l'instabilité politique, peinent à sortir d'un état de développement qui reste précaire, fragile et réversible face aux turbulences mondiales. Ainsi, des pays qui semblaient avoir trouvé la voie de la prospérité replongent brusquement dans la pauvreté. La crise argentine en 2001 en est le parfait exemple.

L'incapacité à réduire les inégalités

L'Amérique latine est une des régions du monde les plus marquées par les inégalités. L'écart de revenu entre les populations riches et les populations pauvres y est très élevé. Alors que les efforts accomplis pour lutter contre la pauvreté commencent à porter leurs fruits (augmentation des dépenses sociales), le combat pour la diminution des inégalités entre les différentes classes sociales est lui beaucoup plus difficile à mener.

Le cas du Brésil se révèle très significatif : en 1990, 48 % de la population brésilienne se trouve en dessous du seuil de pauvreté ; ils ne sont plus que 37,5 % en 2001, soit une diminution de près de 11 points. Sur la même période, les 40 % des ménages les plus pauvres voient leur participation dans le revenu total des ménages brésiliens stagner autour de 10 %, alors que les 10 % les plus riches concentrent à eux seuls en 1990 plus de 43 % du revenu total des ménages, pour atteindre une concentration de plus de 46 % en 2001. En d'autres termes, les ménages les plus riches (une minorité de la population) concentrent une part croissante de la richesse nationale, alors que les ménages les plus pauvres (une large majorité) voient leur situation stagner.

ÉVOLUTION DE LA PAUVRETÉ. Ce phénomène de concentration du revenu total dans les mains d'une minorité traduit aussi la difficulté qu'ont les pays latino-américains à développer une puissante classe moyenne. En effet, celle-ci se retrouve écrasée entre les ménages les plus riches, qui accumulent toujours plus de ressources, et des politiques gouvernementales qui ne visent qu'à améliorer le sort des plus défavorisés.

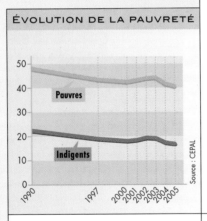

ÉVOLUTION DE LA PAUVRETÉ

Pauvres

Indigents

50
40
30
20
10
0

1990 1997 2000 2001 2002 2003 2004 2005

Source : CEPAL

Pauvreté et indigence

La Banque mondiale distingue les notions de pauvreté et d'indigence de la manière suivante : sont « pauvres » les personnes dont le revenu est inférieur à 2 dollars par jour ; sont « indigentes » les personnes dont le revenu est inférieur à 1 dollar par jour.

Uruguay et Chili, des *success story*

Le Chili comme l'Uruguay sont les deux champions régionaux de la lutte contre la pauvreté, grâce à un effort public appuyé et soutenu, surtout en matière d'éducation et de santé. En 2002, les taux de population en dessous du seuil de pauvreté sont inférieurs à 20 % (18,8 % pour le Chili, 15,4 % pour l'Uruguay en zones urbaines), cas exceptionnels à l'échelle de l'Amérique latine, pour laquelle la moyenne s'établit autour de 44 % à la même date. À titre de comparaison, on trouve à l'autre extrémité le Honduras, avec presque 80 % de sa population en dessous du seuil de pauvreté.

La progression accomplie par le Chili est la plus spectaculaire : le taux des populations touchées par la pauvreté s'élevait encore à 38,6 % en 1990, soit une diminution d'environ 20 points sur la période. Le cas de l'Uruguay est plus controversé : tout en restant le pays où la part de la population pauvre est la plus réduite du continent, l'Uruguay subit entre 1999 et 2002 un bond en avant de la pauvreté dû à la crise économique (on passe de 9,4 % de la population à 15,4 %).

Les deux pays enregistrent également des proportions d'indigents les plus faibles de la région : elles sont inférieures à 5 % quand la moyenne pour l'Amérique latine s'établit autour de 20 % en 2002. Si l'Uruguay remporte le titre du pays le plus égalitaire de la région en devançant de très loin ses voisins, le Chili, en revanche, reste un pays très inégalitaire.

L'ÉCRASEMENT DES CLASSES MOYENNES

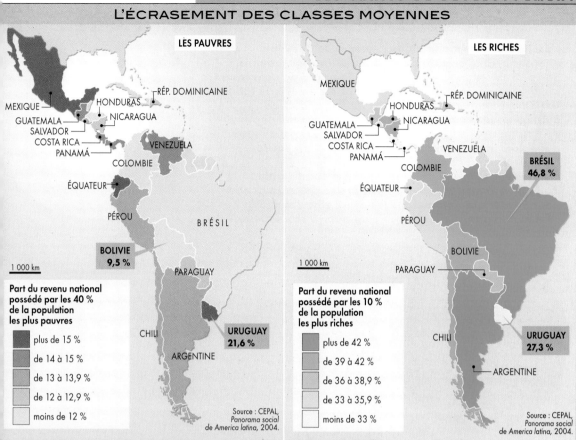

LES PAUVRES

RÉP. DOMINICAINE

MEXIQUE
HONDURAS
GUATEMALA — NICARAGUA
SALVADOR
COSTA RICA
PANAMÁ
VENEZUELA
COLOMBIE
ÉQUATEUR

PÉROU
BRÉSIL

1 000 km

BOLIVIE
9,5 %
PARAGUAY

Part du revenu national possédé par les 40 % de la population les plus pauvres

- plus de 15 %
- de 14 à 15 %
- de 13 à 13,9 %
- de 12 à 12,9 %
- moins de 12 %

CHILI
ARGENTINE
URUGUAY
21,6 %

Source : CEPAL,
*Panorama social
de America latina*, 2004.

LES RICHES

MEXIQUE
RÉP. DOMINICAINE
HONDURAS
GUATEMALA — NICARAGUA
SALVADOR
COSTA RICA
PANAMÁ
VENEZUELA
COLOMBIE
ÉQUATEUR

BRÉSIL
46,8 %

PÉROU

1 000 km

BOLIVIE
PARAGUAY

Part du revenu national possédé par les 10 % de la population les plus riches

- plus de 42 %
- de 39 à 42 %
- de 36 à 38,9 %
- de 33 à 35,9 %
- moins de 33 %

CHILI
URUGUAY
27,3 %
ARGENTINE

Source : CEPAL,
*Panorama social
de America latina*, 2004.

LES OBJECTIFS DU MILLÉNAIRE

12,3
MEXIQUE

32,3
GUATEMALA
22,9 SALVADOR
7,5 COSTA RICA
16 PANAMÁ
17,9 ÉQUATEUR

HONDURAS 53,8
NICARAGUA 42,4
VENEZUELA 22,7
COLOMBIE
25,2

PÉROU
21,7
BOLIVIE
37
33,3 PARAGUAY

BRÉSIL
14,2

CHILI
4,3
16,9
URUGUAY
1,9
ARGENTINE

**Objectif du millénaire (1990-2015) :
réduire de moitié la part des personnes
gagnant moins d'1 dollar par jour**

État de la réduction en 2004

- **Objectif atteint et dépassé :** pauvreté réduite de plus de moitié

Objectif non atteint, baisse de la pauvreté
- forte
- assez forte
- moyenne
- faible

- **Objectif non atteint, augmentation de la pauvreté**

33,3 **Pourcentage de personnes vivant dans une extrême pauvreté**

1000 km

Source : *Objectivos de desarollo del milenio*, CEPAL.

La Déclaration du millénaire, adoptée par l'ONU

La Déclaration du millénaire, adoptée en septembre 2000 par l'ensemble des pays membres de l'Organisation des Nations unies, établit huit objectifs essentiels de développement qui devront être atteints en 2015 pour l'établissement d'un « monde meilleur ». L'objectif numéro un est d'éradiquer la faim et de faire diminuer de moitié, entre 1990 et 2015, les populations touchées par l'extrême pauvreté.

En 2004, les situations des pays latino-américains sont très contrastées : quelques pays sont en avance sur les échéances (Uruguay, Brésil, Mexique, Panamá, Équateur), le Chili ayant d'ores et déjà atteint et même dépassé l'objectif ; mais les autres pays ont pour la plupart pris du retard et certains d'entre eux ont même régressé (Venezuela, Argentine).

L'ÉCONOMIE INFORMELLE

L'économie informelle pallie l'incapacité des États et des marchés à fournir aux populations les moyens de vivre décemment. En ce sens, elle participe activement au développement et à la croissance en Amérique latine. Elle permet à une grande partie de la population d'intégrer sans contrainte le marché du travail et de sortir de l'indigence. Mais le secteur informel est pourvoyeur d'emplois mal rémunérés et sans protection sociale. Et, échappant à l'impôt, il ne contribue guère à l'apprentissage de la citoyenneté. À court terme, au vu des prévisions plutôt pessimistes de croissance pour l'Amérique latine dans les prochaines années, l'économie informelle devrait continuer à se développer.

> 66
> *Pour [...] une petite manufacture avec deux machines à coudre dans un bidonville de Lima, [...] 289 journées de six heures à se déplacer pour rencontrer les autorités, à attendre pour voir la bonne personne, à remplir des formulaires et à attendre des réponses.*
> HERNANDO DE SOTO.
> 99

CHÔMAGE ET SECTEUR INFORMEL

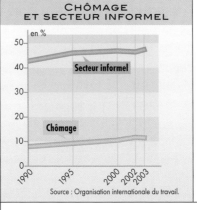

Source : Organisation internationale du travail.

AUGMENTATION DES DÉPENSES SOCIALES

Évolution des dépenses sociales

Cuba
Uruguay
Argentine
Brésil
Costa Rica
Panamá
Chili
Bolivie
Colombie
Honduras
Venezuela
Mexique
Paraguay
Nicaragua
Pérou
République dominicaine
Guatemala
Équateur

1990-1991
1996-1997
2002-2003

% du PIB

0   5   10   15   20   25   30

Source : CEPAL.

Qu'est-ce que l'économie informelle ?

SES CAUSES. L'économie informelle peut se définir comme l'économie de la survie. Elle s'est fortement développée dans les années 1980. Durant cette « décennie perdue », l'incapacité des gouvernements à prendre des mesures efficaces pour faire face à l'hyperinflation, qui rogne le pouvoir d'achat des plus pauvres, puis l'absence de réponse aux besoins primaires de populations brutalement paupérisées ont conduit ces nouveaux pauvres à se replier vers le secteur informel. Des taux de chômage élevés et l'absence ou la faiblesse des dispositifs étatiques de protection sociale (assurances chômage inexistantes) poussent des millions d'individus vers « la débrouille ». Ainsi, le secteur informel constitue une réponse autonome et spontanée aux carences des gouvernements et des marchés.

SES CARACTÉRISTIQUES. L'économie informelle se caractérise aussi par l'absence de barrières à l'entrée sur le marché, par la faible accumulation de capital, par la faible productivité, la précarité des conditions de travail, l'inexistence d'un droit du travail et de toute réglementation. Dans cette économie de transition, l'informalité est vécue sur le mode du provisoire, dans l'attente d'une amélioration qui permettra un retour à l'emploi stable. La rapidité d'adaptation aux changements de l'environnement économique ainsi que la grande flexibilité de la main-d'œuvre en font un secteur dynamique. Les activités sont diverses : cireur de chaussures, vendeur ambulant, trafics, prostitution, etc. Bien qu'illégales, ces activités sont très largement tolérées en Amérique latine. Dans certains pays, elles représentent plus de la moitié de la production des richesses (environ 29 % du PIB en moyenne pour la région en 2002).

SON DÉVELOPPEMENT. L'emploi informel progresse depuis 1990. Sa part dans l'emploi total atteint 47,4 % en 2003. En raison de l'importance de l'emploi domestique, les femmes représentent une part plus importante : elles sont 51 % dans le secteur en 2003.

L'IMPORTANCE DU SECTEUR INFORMEL DANS LES VILLES COLOMBIENNES

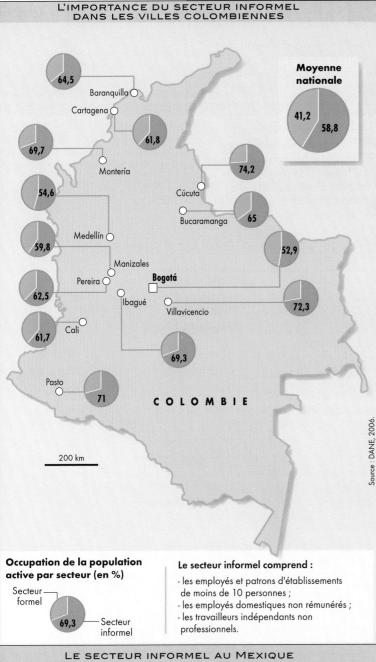

Source : DANE, 2006.

Moyenne nationale

41,2 / 58,8

Baranquilla 64,5
Cartagena
61,8
69,7
Montería
54,6
Cúcuta 74,2
Bucaramanga 65
59,8
Medellín
52,9
Manizales
Pereira
Bogotá
62,5
Ibagué
Villavicencio 72,3
61,7
Cali
69,3
Pasto
71

C O L O M B I E

200 km

L'exemple de Bogotá

Les mouvements de population forcés ou volontaires sont très souvent à l'origine du développement de l'économie informelle dans les grandes villes. Bogotá en offre une illustration. Avec ses 7 millions d'habitants, la ville héberge près de 13 % du total des populations déplacées par le conflit interne, soit 480 000 personnes environ. Les familles s'installent en majorité dans les quartiers sud de la ville, déjà les plus démunis. Bosa, par exemple, a vu sa population augmenter de 108 % entre 1993 et 2002. À Kennedy, Ciudad Bolívar, les familles occupent illégalement des terrains et construisent des habitats précaires. À Usme, autre quartier sud de 250 000 habitants, près d'une personne sur quatre vit sous le seuil d'indigence. Population jeune (66 % ont moins de 30 ans), les nouveaux arrivants alimentent l'économie informelle et les trafics. Ils exercent des pressions sur les autorités politiques locales pour obtenir du travail. Entre 2001 et 2006, Usme a été administré par onze maires différents.

Le cas du Mexique

Au Mexique, l'emploi informel n'a cessé d'augmenter depuis le début des années 1990 et représente 41,8 % de l'emploi total en 2003. L'entrée en vigueur de l'Accord de libre-échange nord-américain (Alena) en 1994 a provoqué la ruine de nombreux petits producteurs de maïs, qui tentent de survivre dans les grandes villes.

Le secteur informel est marqué par son hétérogénéité : non seulement il constitue une économie de subsistance pour la grande majorité, mais il permet aussi à quelques petits entrepreneurs de contourner les démarches bureaucratiques, longues et coûteuses, exigées pour la création d'une entreprise. Les micro-entreprises du secteur informel sont parfois tout à fait rentables (toutes proportions gardées) et échappent à la fiscalité. Le fait qu'une partie des travailleurs, même qualifiés, soit poussée dans l'informalité n'est pas surprenant puisque les débouchés proposés par le secteur formel se réduisent.

Occupation de la population active par secteur (en %)

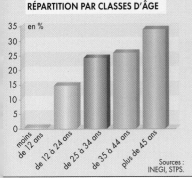

Secteur formel

69,3

Secteur informel

Le secteur informel comprend :
- les employés et patrons d'établissements de moins de 10 personnes ;
- les employés domestiques non rémunérés ;
- les travailleurs indépendants non professionnels.

LE SECTEUR INFORMEL AU MEXIQUE

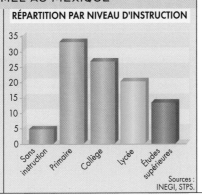

RÉPARTITION PAR CLASSES D'ÂGE

en %

moins de 12 ans / de 12 à 24 ans / de 25 à 34 ans / de 35 à 44 ans / plus de 45 ans

Sources : INEGI, STPS.

RÉPARTITION PAR NIVEAU D'INSTRUCTION

Sans instruction / Primaire / Collège / Lycée / Études supérieures

Sources : INEGI, STPS.

DÉVELOPPEMENT DURABLE

L'Amérique latine, de par sa situation géographique, est une région très vulnérable. La région de la sierra Madre, l'isthme centraméricain et l'axe andin, situés à la rencontre de plaques tectoniques, constituent des régions à très hauts risques sismiques. De manière saisonnière, la région de l'isthme est aussi soumise à la violence des tempêtes tropicales et des ouragans. Le phénomène El Niño est responsable de grandes sécheresses ou d'inondations dans les pays du cône sud. Ces catastrophes ont un impact désastreux sur la vie socio-économique des pays latino-américains. L'homme est pour sa part responsable de catastrophes écologiques : dégradation des écosystèmes, déforestation, accumulation des déchets.

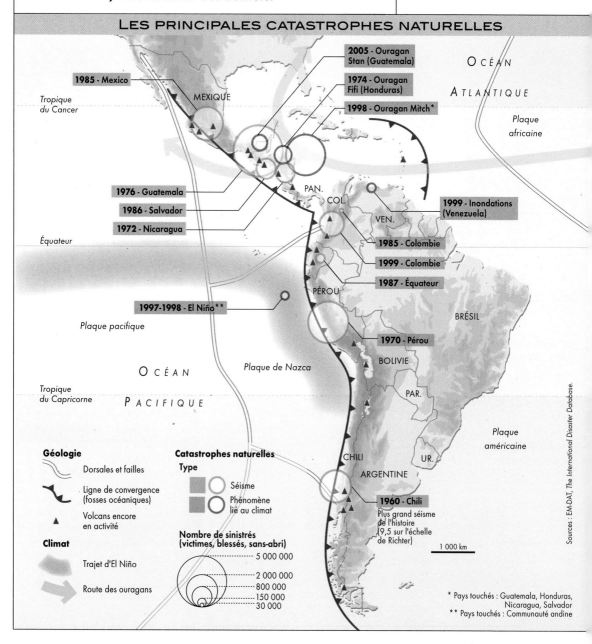

LES PRINCIPALES CATASTROPHES NATURELLES

2005 - Ouragan Stan (Guatemala)

1974 - Ouragan Fifi (Honduras)

1998 - Ouragan Mitch*

1985 - Mexico

O C É A N

A T L A N T I Q U E

Tropique du Cancer

MEXIQUE

Plaque africaine

1976 - Guatemala

1986 - Salvador

1972 - Nicaragua

PAN.

COL.

1999 - Inondations (Venezuela)

VEN.

Équateur

1985 - Colombie

1999 - Colombie

1987 - Équateur

PÉROU

BRÉSIL

1997-1998 - El Niño**

Plaque pacifique

1970 - Pérou

BOLIVIE

O C É A N

Plaque de Nazca

Tropique du Capricorne

P A C I F I Q U E

PAR.

Plaque américaine

CHILI

UR.

ARGENTINE

1960 - Chili
Plus grand séisme de l'histoire (9,5 sur l'échelle de Richter)

1 000 km

Géologie

Dorsales et failles

Ligne de convergence (fosses océaniques)

Volcans encore en activité

Climat

Trajet d'El Niño

Route des ouragans

Catastrophes naturelles

Type

Séisme

Phénomène lié au climat

Nombre de sinistrés (victimes, blessés, sans-abri)

— 5 000 000
— 2 000 000
— 800 000
— 150 000
— 30 000

* Pays touchés : Guatemala, Honduras, Nicaragua, Salvador
** Pays touchés : Communauté andine

Sources : EM-DAT, *The International Disaster Database.*

LA DÉFORESTATION AU BRÉSIL

VENEZUELA
GUYANA
SURINAM
Guyane fr.
OCÉAN ATLANTIQUE
COLOMBIE
RORAIMA
AMAPÁ
Amazone
AMAZONAS
PARÁ
MARANHÃO
ACRE
RONDÔNIA
TOCANTINS
BAHIA
PÉROU
MATO GROSSO
B R É S I L
Brasília
BOLIVIE
GOIÁS
MINAS GERAIS
500 km

Limite de l'Amazonie légale :
- 59 % du territoire brésilien (près de la moitié de l'Europe géographique)
- 20 millions d'habitants

Situation en 2001

Forêt

Zone non forestière

Zone dégradée

Source : World Ressources Institute, 2006.

Question de définition

Le développement soutenable ou développement durable est un « mode de développement qui répond aux besoins des générations présentes sans compromettre la capacité des générations futures à garantir les leurs ». La préservation de l'environnement est une des conditions majeures pour le développement soutenable. Si l'Amérique latine a adhéré avec enthousiasme aux principes du sommet de Rio en 1992 pour le développement soutenable, la région prend du retard dans le respect des engagements pris.

Dans ma région, nous tirons une quinzaine de produits de la forêt. Il faut préserver toutes ces activités. Car [...] ce n'est pas uniquement le bétail, les terres arables et les autoroutes qui vont permettre le développement de l'Amazonie.

JAIME DA SILVA ARAUJO, 1985.

Le Brésil, défricheur record de la forêt amazonienne

En août 2005, le Brésil, plus gros défricheur en Amazonie, annonce une baisse record de la déforestation. Seuls 9 500 km² de forêt auraient été détruits sur la période 2004-2005, contre près de 26 000 km² en 2003. Cette diminution spectaculaire de la déforestation correspond à un effort drastique du gouvernement (plan de prévention et de contrôle de la déforestation, intervention de l'armée, surveillance satellitaire) après la déforestation massive des années 1990 et du début des années 2000. La culture du soja et l'élevage, l'abattage illégal, les constructions d'infrastructures (la Transamazonienne) sont les causes principales de la déforestation. Au XXᵉ siècle, 17 % des 5,3 millions de la forêt tropicale brésilienne auraient disparu à cause de l'intervention humaine. Le principal obstacle à la lutte contre la déforestation reste la difficulté à surveiller la totalité de l'immense étendue de la forêt.

Le Costa Rica ou le respect de la nature

Le Costa Rica figure parmi les nations les plus actives dans la lutte pour la défense de l'environnement. Dès les années 1970, après avoir pris conscience de la richesse de son milieu naturel, ce petit pays d'Amérique centrale décide de jouer la carte d'un tourisme écologique et met en place des politiques de protection de son environnement en stoppant la déforestation de masse (75 % du territoire était recouvert de forêt en 1950, 25 % de nos jours). Il se classe aujourd'hui parmi les quatorze nations à posséder plus de 23 % de leur territoire sous protection (25,6 %), parcs nationaux ou réserves écologiques. Le Costa Rica réussit, grâce à ces politiques, à préserver son extraordinaire biodiversité : ne représentant que 0,03 % des surfaces émergées, le pays concentre 4 à 5 % de la biodiversité mondiale. En 2005, il enregistre l'entrée de 1,6 million de touristes pour une population totale de 4,3 millions d'habitants, le tourisme devenant la seconde source de revenu du pays.

LES ZONES PROTÉGÉES AU COSTA RICA

Zone protégée

Composition

26 parcs nationaux
11 réserves forestières
63 refuges de vie forestière
31 zones protégées
15 zones humides
10 réserves biologiques
1 monument national

NICARAGUA
Mer des Caraïbes
COSTA RICA
Limón
San José
OCÉAN PACIFIQUE
PANAMÁ

Les zones protégées représentent 25,6 % du territoire national, soit 1,3 million d'hectares.

Source : El Estado de la Nación en desarollo humano sustentable, 2004.

1 000 km

L'Amérique n'a pas été découverte le 12 octobre 1492 par Christophe Colomb. 50 millions d'Indo-Américains, pour qui ce jour marque le début d'une tragédie, y vivaient déjà. Ce n'est qu'en 1992, à l'occasion du cinquième centenaire de la découverte, que ces peuples commencent à relater leur version de ce que Voltaire définit comme « l'achèvement le plus important de l'histoire, où une moitié de l'humanité entrait finalement en contact avec l'autre moitié ». Ce mouvement social, le « réveil indien », met en avant l'identité indigène ; la misère dans laquelle se trouvent ces peuples est l'un des fondements de cette remise en cause. Relayé par des ONG, le « réveil indien » favorise l'émergence des politiques multiculturelles.

LES PRINCIPALES ETHNIES INDIENNES D'AMÉRIQUE LATINE

1. Guatemala
2. Belize
3. Honduras
4. Salvador
5. Nicaragua
6. Costa Rica
7. Panamá
8. Guyana
9. Surinam
10. Guyane française
11. Équateur

1 000 km

Kayapo Ethnie

Zone de forte diversité ethnique

Source : *Dictionnaire des peuples*, Larousse, 1998.

CULTURELLES

PART DES INDIENS DANS LA POPULATION TOTALE

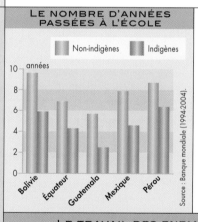

Brésil
0,16 %

Bolivie
50,51 %

Source : Instituto de geofísica, 1999.

Part des indigènes dans la population totale (%)	
![]	plus de 45
![]	de 25 à 40
![]	de 8 à 15
![]	de 2 à 7,9
![]	moins de 2

Importance des populations indigènes*

- 9 millions
- 5 millions
- 1 million
- 250 000
- 50 000

* Les populations inférieures à 50 000 individus ne sont pas représentées

L'avènement des politiques multiculturelles

Suite au «réveil indien», les politiques multiculturelles prolifèrent par l'intermédiaire d'une politique dite «indigéniste» : l'État utilise un appareil administratif spécialisé afin de faire évoluer la société pour résorber les disparités culturelles, sociales et économiques entre indigènes et non-indigènes. En privilégiant l'éducation et la scolarisation, on entend intégrer les différentes ethnies.

Même si le nombre d'années passées à l'école diffère selon les origines et que le travail des enfants subsiste, surtout chez les indigènes, des améliorations sont notables. Ainsi, au Guatemala, Rigoberta Menchú, prix Nobel de la paix en 1992, défend les populations mayas, victimes de cinq siècles d'oppression et de trente ans de guerre civile. Elle a fait reconnaître, dans les accords de paix signés en mars 1995 entre le gouvernement et la guérilla, les droits des indigènes. Ils sont aujourd'hui représentés par leurs députés au Parlement, ont accès à une éducation bilingue : les relations interculturelles progressent. Et les politiques publiques mises en œuvre ont un impact indéniable.

Dans deux domaines, la coopération entre le gouvernement et les mouvements indiens, dans le cadre de l'Accord pour l'identité et les droits des peuples indigènes (AIDPI), produit des effets positifs, bien que toutefois encore modestes. Ainsi une politique culturelle est mise en œuvre, destinée à valoriser les héritages multiples. Et, surtout, une stratégie de réduction de la pauvreté est engagée, sous la responsabilité du secrétariat au Plan et avec l'appui d'ONG, d'organismes multilatéraux et de la communauté universitaire. Un premier travail d'identification des communautés les plus pauvres a été réalisé dans les zones de population indigène, afin de cibler des programmes.

Le «réveil indien»

L'Amérique latine compte de multiples ethnies indigènes qui revendiquent la reconnaissance de leur spécificité, tels les Mapuche au Chili ou les Mayas au Guatemala. Après 1992, année durant laquelle il n'est pas question de célébrer le cinquième centenaire de la découverte, mais où il convient de commémorer les massacres perpétrés, l'ONU instaure une «décennie des peuples indigènes» durant laquelle se consolident les mouvements sociaux. Les peuples indiens s'organisent alors pour sortir de l'exclusion sociale et certains vont jusqu'à prendre les armes ou se déclarer indépendants, comme les zapatistes au Mexique en 1994.

En Équateur ou en Bolivie, les mouvements indiens parviennent à investir les scènes politiques. S'organisant en partis, ils accèdent au pouvoir, en Équateur tout d'abord, puis en Bolivie avec l'élection d'Evo Morales en 2006. Partout, le réveil indien débouche sur une reconnaissance constitutionnelle du caractère pluriculturel des pays.

LE NOMBRE D'ANNÉES PASSÉES À L'ÉCOLE

Non-indigènes   Indigènes

années

Bolivie   Équateur   Guatemala   Mexique   Pérou

Source : Banque mondiale (1994-2004).

> « La solution au problème indien doit être une solution sociale. Sa mise en œuvre doit être confiée aux Indiens eux-mêmes.
>
> JOSÉ CARLOS MARIÁTEGUI, 1928.

LE TRAVAIL DES ENFANTS DANS TROIS PAYS

Bolivie

- En 2002, 31 % des enfants indigènes de 9 à 11 ans travaillent alors que 8 % des enfants non indigènes sont concernés.
- L'incidence du travail des enfants est quatre fois plus importante pour les familles indigènes que pour les autres.
- De nombreux adolescents indigènes âgés de 12 à 18 ans travaillent.

Équateur

- En 2001, 57 % des enfants indigènes âgés de 15 à 18 ans et 73 % des enfants non indigènes fréquentent un établissement scolaire.
- Le travail des enfants augmente le revenu familial de 11,6 % en moyenne.
- Parmi les 28 % d'enfants indigènes qui travaillent, un tiers ne fréquente pas d'établissement scolaire.

Guatemala

- Les garçons indigènes vivant dans les zones rurales, n'ayant pas accès à l'éducation, travaillent souvent dans le secteur informel sans recevoir de salaire.
- Entre 1989 et 2000, la proportion d'enfants non scolarisés qui travaillent est passée de 48 à 23 % mais les enfants non indigènes ont été favorisés : on passe de 38 à 10 %.

Sources : Pueblos indigenas, 1994-2004, Banque mondiale.

Les mouvements sociaux en Amérique latine ont longtemps été faibles et désarticulés. La prégnance du clientélisme dans les campagnes contribuait à perpétuer isolément la satisfaction des revendications. Avec l'urbanisation et la croissance économique, apparaissent les premières formes d'action collective organisée. Dans les années 1960-1970, la résistance à l'autoritarisme contribue à la consolidation des mouvements sociaux. Après avoir faibli à l'époque des transitions vers la démocratie, ces mouvements reprennent de la vigueur et changent de registre lorsque les conséquences sociales des réformes libérales se font sentir.

L'EXPANSION DU MOUVEMENT DES SANS-TERRE

500 km

PARÁ

Curionópolis⁽²⁾ 1996

Eldorado dos Carajas 1996

RONDÔNIA

Corumbiara 1995

B R É S I L

Brasília **2000**

Brasília **1990**

Diffusion du MST

Zone de départ (1979)

Extension actuelle

Absence

Mouvement des agriculteurs sans terre de l'ouest du Paraná

Campo Bonito⁽¹⁾ 1993

Lieux marquants

Naissance du mouvement

Rencontre, congrès

Occupation d'exploitation

Répression, massacre

Grande marche nationale (1997)

Cascavel 1984

Curitiba 1985

PARANÁ

SANTA CATARINA

Acapamento de Encurzilhada Natalino

RIO GRANDE DO SUL

⁽¹⁾ Exploitation de 2 800 ha
⁽²⁾ Propriété de Fazenda Macaxeira, 44 000 ha, plus grande occupation du MST

Source : www.mst.org.br

Mutations des mouvements sociaux

Les mouvements de paysans, d'ouvriers et d'étudiants ont vu émerger dans les années 1980-1990 de nouvelles forces sociales : habitants des quartiers pauvres, femmes, indigènes s'engagent dans de nouvelles luttes. Et certains changent de sphère d'action. Au Chili, ils se bureaucratisent et introduisent leurs dirigeants dans la nouvelle démocratie. Au Brésil, le MST, mouvement social phare, attend du président Lula da Silva la mise en place de la réforme agraire et organise des réseaux pour les familles n'ayant pas accès à la terre. En Argentine, suite à la crise économique, les *piqueteros* manifestent violemment dans les rues pour défendre leurs droits. Avec la victoire du *cocalero* Evo Morales à l'élection présidentielle bolivienne, celle de Michelle Bachelet à la présidence du Chili, l'ancien ouvrier Lula et le président Hugo Chávez, représentant des pauvres au Venezuela, l'Amérique latine voit se développer à gauche des mouvements sociaux qui parviennent à accéder au pouvoir.

Le Mouvement des sans-terre (MST) au Brésil

Le MST rassemble des centaines de milliers de paysans, métayers et salariés agricoles pour lutter contre la structure inégalitaire de la propriété de la terre et obtenir une réforme agraire. Au Brésil, 1 % des propriétaires terriens (les *fazendeiros*) possèdent plus de 43 % des terres ; 53 % des paysans possèdent moins de 3 % des surfaces cultivables et 12 millions de paysans n'ont pas de terres. Né en 1984, le MST instaure des programmes de formation agricole, des coopératives, agit pour la santé, l'éducation, la scolarisation des enfants. Il gère 1 300 écoles primaires et a créé en janvier 2004 la première université populaire du Brésil. Les familles sans terre s'installent dans des tentes sur des campements sauvages, sur des espaces publics, ou encore le long des routes. Ensuite, le Mouvement s'organise et tente d'obtenir l'attribution officielle des parcelles, en privilégiant les cultures vivrières et l'élevage pour assurer la sécurité alimentaire. Fin 2000, plus de 75 000 familles vivent dans 585 *acampamentos* (campements) et 350 000 familles dans 1 600 *assentamentos* (communautés agricoles) sur 7 millions d'hectares. La mise en œuvre de la réforme agraire est difficile. Le gouvernement de Lula (Parti des travailleurs) déçoit par son inefficacité. Le MST relance les occupations de terres : 700 ont eu lieu en avril 2004. En mai 2005, 15 000 paysans parcourent pacifiquement 200 kilomètres pour exiger les terres promises.

DU POUVOIR

Les piqueteros en Argentine

Les facteurs politiques – sept gouvernements se sont succédé en deux semaines en 2001 –, économiques – le pays a été déclaré en faillite –, sociaux – le chômage a augmenté considérablement – et corporatistes expliquent l'apparition des *piqueteros*. Ces manifestants utilisent les barrages routiers pour protester. Dans le quartier populaire de La Matanza (Buenos Aires), un piquet peut réunir 5 000 personnes, armées de pierres et de bâtons, cagoulées. Depuis leur apparition, au début des années 1990, ces mouvements dynamisent la protestation sociale en Argentine. Ils comptent des chômeurs toujours plus nombreux, victimes de la désindustrialisation, des privatisations de 1991 et des politiques d'ajustement. Ainsi, 40 % des Argentins sont considérés comme pauvres. Les *piqueteros* disposent de l'appui des petits producteurs appauvris de province, des fonctionnaires non payés depuis des mois, des petits partis de gauche. Ils viennent de divers horizons géographiques et politiques, revendiquent le droit à l'emploi, réclament des subventions, de la nourriture et la renationalisation des industries.

Les mouvements sont scindés en deux groupes : ceux qui négocient avec le président Kirchner (la Federación Tierra y Vivienda et la Corriente clasista combativa) et les radicaux qui s'y refusent (le MIJD, le Polo obrero). Ces mouvements inquiètent le gouvernement, confronté à un dilemme. Il ne veut pas utiliser la force, mais la radicalisation du mouvement l'exige.

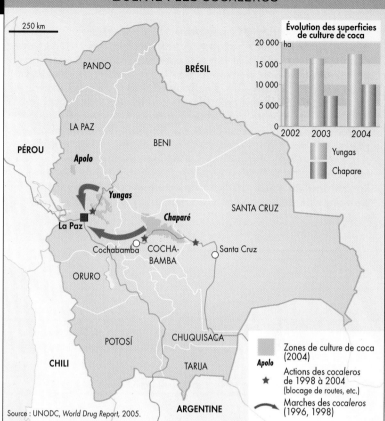

Source : UNODC, *World Drug Report*, 2005.

Évolution des superficies de culture de coca

— Yungas
— Chapare

■ Zones de culture de coca (2004)

★ Actions des cocaleros de 1998 à 2004 (blocage de routes, etc.)

↷ Marches des cocaleros (1996, 1998)

La culture de la coca pour sauver la Bolivie ?

La Bolivie connaît une crise politique, économique et sociale. Le pays survit grâce aux richesses naturelles : l'argent, l'étain, le gaz, le pétrole et surtout la coca. Ce « matelas vert » de l'économie n'est pas l'inoffensive feuille consommée à l'état naturel par les paysans, mais la fabrication et l'exportation de la pâte de coca qui alimente les réseaux du narcotrafic. En Bolivie, 50,51 % de la population est indienne, surtout quechua et aymara, et les revendications indigènes relayent le syndicalisme ouvrier. Le problème du pays est que les options de développement viable pour les paysans sont réduites. La victoire d'Evo Morales, dirigeant des *cocaleros* (paysans producteurs de coca), à l'élection présidentielle bolivienne en 2006 s'inscrit dans une tendance de démocratisation. Avec 51 % des voix, le Mouvement vers le socialisme (MAS) a obtenu les voix des ruraux et des mouvements sociaux. Pour la première fois, un président indien dirige le pays qui compte le plus d'Amérindiens. Il se lance dans une campagne pour la dépénalisation de la coca. Selon la loi 1008 de 1988, la Bolivie pratiquait l'éradication de la production de coca et luttait contre le trafic de drogue. Néanmoins, il est aujourd'hui question de la rationaliser. Dans l'attente de résultats, la culture reste limitée à environ 1 600 m² par famille. L'industrialisation de la culture de la coca fait partie des objectifs du nouveau président. En vue d'une dépénalisation internationale, la Bolivie doit demander à l'ONU de retirer la coca de la liste des substances illicites.

" *Dans le contexte actuel de démocratie partielle, la meilleure définition d'un mouvement social est une organisation populaire qui peut produire un impact perceptible sur l'extension et l'exercice de la citoyenneté.* "

JOE FOWERAKER, 1995.

Les violences en Amérique latine sont diverses et enracinées dans l'histoire. À la brutalité des colons ont répondu au XXᵉ siècle le terrorisme étatique, les assassinats et les enlèvements perpétrés par les guérillas, les mafias liées au trafic de drogue, la criminalité et les gangs urbains. La région est souvent considérée comme une des plus violentes au monde, une violence qui dépasse celle de certains pays en guerre. Dans les années 1970, les régimes répressifs ont traumatisé certaines sociétés (Guatemala, Argentine, Chili). La consolidation des démocraties dans les années 1980-1990 n'a pas fait disparaître la violence. La criminalité dans les capitales a explosé ; le développement des maras est caractéristique d'une crise sociale.

LES VIOLENCES POLITIQUES DEPUIS LES ANNÉES 1970

Pays	Type de gouvernement	Période	Nom du mouvement	État actuel	Évolution actuelle
Argentine	dictature militaire	1960-1977	Armée révolutionnaire du peuple (ERP)	disparu	retour des membres à la vie civile
Guatemala	dictature militaire	1960-1982	Mouvement révolutionnaire du 13 Novembre (MR13) Armée de guérilla des pauvres (EGP)	disparu	guérilla dans les campagnes
Nicaragua	dictature	1961-1979	Front sandiniste de libération nationale (FSLN)	parti politique	deuxième force politique
Venezuela	dictature	1963-1969	Forces armées de libération nationale (FALN) Mouvement de la gauche révolutionnaire (MIR)	disparu	participation des membres à la vie politique
Uruguay	régime autoritaire	1963-1976	Mouvement de libération nationale « Tupamaros »	disparu	participation des membres à la vie politique
Colombie	démocratie	depuis 1964	Forces armées révolutionnaires de Colombie (FARC)	toujours actif	dérive mafieuse
Colombie	démocratie	depuis 1965	Armée de libération nationale (ELN)	toujours actif	démobilisation en négociation(2006)
Colombie	démocratie	depuis 1967	Armée populaire de libération (EPL)	toujours actif	branche armée du PC
Brésil	dictature militaire	1968-1971	Action de libération nationale (ALN) Avant-garde populaire révolutionnaire (VAR)	disparu	élimination
Argentine	dictature militaire	1970-1981	Mouvement peroniste Montonero	disparu	participation des membres à la vie politique
Pérou	démocratisation	depuis 1970	Sentier lumineux	quasi disparu	modeste réactivation en 2005-2006
Colombie	démocratie	1970-1991	Mouvement du 19 Avril (M-19)	parti politique	participation politique
Nicaragua	régime sandiniste	1979-1990	Résistance nationale (RN) ou « contra » anti sandiniste	disparu	retour des membres à la vie civile
Honduras	démocratisation	1980-1991	Mouvement populaire de libération « chinchonero »	disparu	retour des membres à la vie civile
Salvador	démocratisation	1980-1992	Front Farabundo Marti de libération nationale (FMLN)	parti politique	deuxième force politique
Guatemala	guerre civile	1982-1996	Union nationale révolutionnaire guatémaltèque (UNRG)	disparu	participation des membres à la vie politique
Chili	dictature	1983-1991	Front patriotique Manuel Rodríguez (FPMR)	disparu	participation des membres à la vie politique
Pérou	démocratie	depuis 1985	Mouvement révolutionnaire Tupac Amaru (MRTA)	quasi disparu	modeste réactivation en 2005-2006
Mexique	démocratisation	depuis 1994	Amée zapatiste de libération nationale (EZLN) Armée populaire révolutionnaire (ERP)	toujours actif	marginalisation depuis 2000 (démobilisation)

La nature et l'intensité des violences

En Amérique latine, la violence prend trois formes : sociale, politique expressive ou répressive et révolutionnaire. La première trouve ses racines dans la banalisation des violations des droits de l'homme. La seconde est un instrument de participation politique ou d'exercice du pouvoir. La troisième se réfère aux organisations armées tentant de s'emparer du pouvoir. La violence sociale est en augmentation. La criminalité en est l'expression la plus récente. Elle est liée aux conditions socio-économiques (pauvreté et inégalités, urbanisation galopante, chômage en augmentation, explosion démographique). De plus, le trafic de drogue a engendré l'apparition de puissantes mafias. Pour diminuer l'intensité de la criminalité, les gouvernements lancent des mesures préventives en mettant l'accent sur l'éducation, le renforcement de la réglementation sur les armes et la lutte contre le chômage et la pauvreté.

> **Excusez ce contretemps, mais ceci est une révolution.**
>
> SOUS-COMMANDANT MARCOS, 1ᵉʳ JANVIER 1994.

NALITÉ

La Colombie : ELN, FARC, etc.

Plus de trente factions de guérilla exis-
taient en Colombie. Aujourd'hui deux
sont actives : l'ELN (Armée de libération nationale) et surtout les FARC
(Forces armées révolutionnaires de
Colombie). Les FARC et l'ELN affrontent les forces paramilitaires et l'armée, et contrôlent de vastes zones du
territoire difficiles d'accès, où prospère la production de cocaïne. Les paramilitaires, milices créées en 1990,
sont regroupés au sein des AUC (Auto-
défenses unies de Colombie). Indépendants du gouvernement, ils défendent
les intérêts des riches propriétaires
terriens et se financent avec la drogue.
Le conflit a provoqué le déplacement
de plus de 2 millions de Colombiens. Il
crée des tensions avec les pays voisins.
La « sécurité démocratique » s'amé-
liore depuis la présidence d'Uribe : les
assassinats et les enlèvements diminuent, et certains paramilitaires dépo-
sent les armes. Les négociations avec
la guérilla sont en revanche bloquées
et le narcotrafic ne diminue guère.

DÉRIVES MAFIEUSES EN COLOMBIE

Zone d'influence des Forces armées
révolutionnaires de Colombie (FARC)

Zone d'influence de l'Armée
de libération nationale (ELN)

★ Principale concentration
de paramilitaires

Ancienne zone démilitarisée
(1998-2002)

150 km

Source : Le Monde diplomatique.

LES VICTIMES DE LA VIOLENCE

1 500 km

**Taux d'homicides pour
100 000 habitants
(2004*)**

plus de 84

de 30 à 47

de 13 à 24

de 6 à 12,9

moins de 6

pas de données

**Europe moins de 2
Canada 1,73**

Sauf Honduras (2000) et Bolivie (2003).

Sources : OPS, 2004. PNUD, 2000. CEIA, 2003.

LA VIOLENCE ÉTATIQUE

Pays	Dictateur/circonstances	Durée	Nombre de victimes
Argentine	Jorge Rafael Videla	1976-1983	8 960 disparus
Chili	Augusto Pinochet Ugarte	1973-1990	3 400 disparus
Salvador	Maximiliano Her-nández Martínez	1931-1944	30 000 morts
Salvador	guerre civile	1980-1992	100 000 morts
Guatemala	guerre civile	1962-1996	200 000 morts 40 000 disparus
Pérou	conflit armé	1980-2000	70 000 morts

Les gangs d'enfants

En Amérique centrale, les *maras* sont
des gangs de jeunes défavorisés.
Créées en 1997 à Los Angeles par des
exilés salvadoriens, les deux principales bandes sont la Mara Salvatrucha et la Mara 18, reconnaissables à
leurs tatouages. Elles se livrent au trafic de drogue et d'armes, aux enlèvements et au vol de voitures. Au Salvador, sur 6 millions d'habitants, 20 000
seraient membres de gangs responsables de 10 % des meurtres du pays.

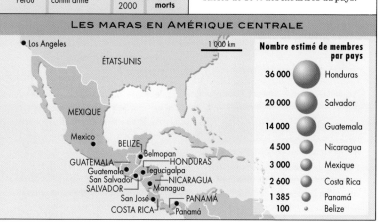

LES MARAS EN AMÉRIQUE CENTRALE

1 000 km

**Nombre estimé de membres
par pays**

36 000	Honduras
20 000	Salvador
14 000	Guatemala
4 500	Nicaragua
3 000	Mexique
2 600	Costa Rica
1 385	Panamá
100	Belize

LE DÉCLIN DU CATHOLICISME

Depuis la colonisation, l'Amérique latine est dominée par la religion catholique. Cependant différentes formes de syncrétisme y coexistent, comme la Santería à Cuba ou les Églises pentecôtistes. De nombreuses sectes protestantes attirent de plus en plus de fidèles. Dans la plupart des pays de la région, le clergé catholique a joué un rôle important dans les guerres civiles ou les contestations des années 1970 et 1980. Bien que le nombre de catholiques ne cesse de diminuer, la religion catholique continue de peser sur la politique et surtout sur les mœurs de l'Amérique latine, comme en témoigne l'interdiction de l'avortement dans la plupart des pays du continent.

Monseigneur Romero

Óscar Arnulfo Romero est né au Salvador en 1917. Il étudie avec les pères jésuites et termine sa formation sacerdotale à Rome. En 1975, il est marqué par l'assassinat de paysans de son diocèse par des militaires. Il prend conscience que les autorités civiles et militaires défendent les seuls intérêts de l'oligarchie salvadorienne. En février 1977, Mgr Romero est nommé archevêque de la capitale San Salvador. Il dénonce les assassins et oppresseurs, s'identifie aux pauvres et défend leurs intérêts. Il gagne l'appui d'une partie du clergé et des fidèles qui le considèrent comme « la voix des sans-voix », et une reconnaissance internationale dont témoigne sa nomination au prix Nobel de la paix en 1979. L'oligarchie et une partie du gouvernement s'opposent à son action. Plusieurs fois menacé, il est assassiné en mars 1980 ; sa mort est un des éléments déclencheurs de la guerre civile qui déchire le Salvador pendant les années 1980.

> **"**
> *Élaborer une théologie de la libération à partir de la pratique de la libération présuppose une insertion organique dans un mouvement concret, dans une communauté de base, dans un centre de défense des droits de l'homme, dans un syndicat.*
> LEONARDO BOFF, 1984.
> **"**

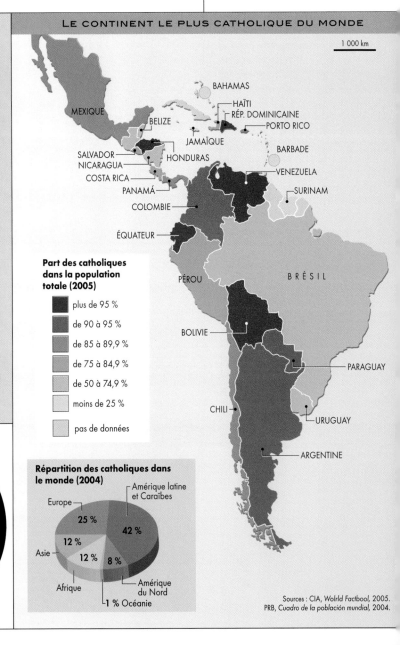

LE CONTINENT LE PLUS CATHOLIQUE DU MONDE

1 000 km

BAHAMAS
HAÏTI
RÉP. DOMINICAINE
MEXIQUE
BELIZE
PORTO RICO
JAMAÏQUE
BARBADE
SALVADOR
NICARAGUA
HONDURAS
VENEZUELA
COSTA RICA
SURINAM
PANAMÁ
COLOMBIE
ÉQUATEUR
BRÉSIL
PÉROU
BOLIVIE
PARAGUAY
CHILI
URUGUAY
ARGENTINE

Part des catholiques dans la population totale (2005)

- plus de 95 %
- de 90 à 95 %
- de 85 à 89,9 %
- de 75 à 84,9 %
- de 50 à 74,9 %
- moins de 25 %
- pas de données

Répartition des catholiques dans le monde (2004)

- Amérique latine et Caraïbes 42 %
- Europe 25 %
- Asie 12 %
- Afrique 12 %
- Amérique du Nord 8 %
- Océanie 1 %

Sources : CIA, *Wolrld Factbool*, 2005.
PRB, *Cuadro de la población mundial*, 2004.

Les nouveaux mouvements religieux

Après cinq cents ans de monopole de la religion catholique en Amérique latine, des dizaines de nouvelles religions ont émergé : protestants, mormons, Églises évangéliques et pentecôtistes cherchent activement à accroître le nombre de leurs fidèles. Depuis les années 1980, les Églises pentecôtistes connaissent un essor considérable grâce à leur maîtrise des médias. L'Église universelle du Royaume de Dieu, créée en 1977 à Rio de Janeiro, compte 8 millions de fidèles dans le monde, des radios et des journaux, deux chaînes de télévision au Brésil, ainsi que dans des pays comme l'Uruguay. Au Brésil, cette Église a même des députés au Parlement de Brasília. Certaines Églises pentecôtistes sont devenues des entreprises commerciales, bien qu'elles ne soient pas toutes multinationales. Ces nouvelles religions, ces « mouvements de salvation », se développent dans les zones rurales les plus pauvres et dans les périphéries des grandes capitales où vivent les populations les moins favorisées.

Ces Églises exercent une influence politique dans plusieurs pays, comme le Guatemala et le Brésil, où elles s'allient aux courants conservateurs. Leur essor joue un rôle important dans la désaffection que subit la religion catholique. Au Brésil, pays qui compte le plus de catholiques au monde, 500 000 personnes par an environ abandonnent la religion catholique.

Une théologie au service des plus pauvres

La théologie de la libération est apparue en Amérique latine dans les années 1970. Elle trouve sa source dans le renouveau amorcé par le concile œcuménique de Vatican II (1962-1965) et accentué par la seconde Conférence générale de l'épiscopat latino-américain de Medellín en 1968.

Cette théologie cherche des solutions pour améliorer la situation des plus pauvres et des plus marginalisés – les indigènes, les femmes et les Noirs. Elle propose une relecture de la Bible en relation avec la réalité vécue par les pauvres, n'hésitant pas à faire usage des sciences sociales et du marxisme. La réflexion de théologiens comme Leonardo Boff, Gustavo Gutiérrez, Gustavo Louvain, le frère Betto ou Jon Sobrino n'a pas seulement un but spirituel ; il s'agit de « conscientiser » les pauvres dans des communautés ecclésiales de base pour les aider à se libérer. Cette théologie a été accusée d'être trop politisée. En 1984, le cardinal Ratzinger, qui deviendra en 2005 le pape Benoit XVI, publie une *Instruction sur quelques aspects de la théologie de la libération*, dans laquelle il accuse les théologiens de s'inspirer de l'idéologie marxiste et de se détourner du message biblique originel. Le théologien brésilien Leonardo Boff est condamné à douze mois de silence après la publication de son livre *Église, charisme et pouvoir*, qui critique l'autoritarisme de Rome et l'accuse d'ignorer les plus pauvres.

Dans les années 1980, cette théologie perd de son influence. Les secteurs les plus conservateurs de l'Église reprennent le contrôle des conférences épiscopales nationales.

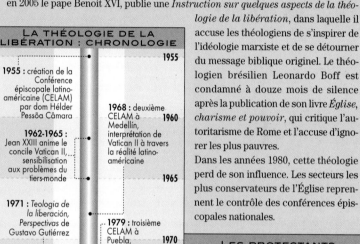

LA THÉOLOGIE DE LA LIBÉRATION : CHRONOLOGIE

1955 : création de la Conférence épiscopale latino-américaine (CELAM) par dom Hélder Pessôa Câmara — 1955

1962-1965 : Jean XXIII anime le concile Vatican II, sensibilisation aux problèmes du tiers-monde

1968 : deuxième CELAM à Medellín, interprétation de Vatican II à travers la réalité latino-américaine — 1960

1971 : *Teologia de la liberación, Perspectivas* de Gustavo Gutiérrez — 1965

1979 : troisième CELAM à Puebla, présence officieuse des théologiens de la libération — 1970

1978 : première Rencontre latino-américaine de théologiens et scientifiques sociaux à San José, Costa Rica

1984 : le cardinal Ratzinger déclare : « *La théologie de la libération constitue un danger fondamental pour la foi de l'Église* » — 1975

1983 : deuxième Rencontre à Alajuela, Costa Rica. Développement d'une théorie — 1980

1985 : le théologien Leonardo Boff condamné à 12 mois de silence pour avoir critiqué le Vatican — 1985

Source : *Teología de la liberación, documentos sobre una polémica*, 1987.

LES PROTESTANTS

1 500 km

Part des protestants dans la population totale (2005)

- plus de 60 %
- de 25 à 30 %
- de 15 à 20 %
- de 5 à 14,9 %
- moins de 5 %
- pas de données

Source : CIA, *World Factbook*, 2005.

LES RELIGIONS AU BRÉSIL DE 1980 À 2000

Source : IBGE.

1980 / 2000

- Catholiques : 88,9 / 73,8
- Évangélistes non pentecôtistes : 3,4 / 4,2
- Évangélistes pentecôtistes : 3,2 / 10,4
- Kardecistas * : 0,7 / 1,4
- Afro-brésilienne : 0,6 / 0,3
- Autre : 1,2 / 1,6
- Sans religion : 1,6 / 7,3

*Kardecismo : secte qui suit les principes d'Alan Kardec.

L'art en Amérique latine a toujours été engagé.
Qu'il emprunte le registre politique de la contestation
ou apolitique de l'évasion, il est toujours le produit
d'une indignation. Saisis par un réel tragique, les artistes
se sont tour à tour montrés rebelles, cyniques, rêveurs
ou maniant la dérision. Les formes de leur engagement
ont varié, en fonction des contextes et des époques,
du modernisme à l'art cinétique des plasticiens,
ou de l'engagement au réalisme magique des écrivains.
Mais les écrivains comme les peintres ou les musiciens
traduisent un malaise, cultivent la lucidité ou offrent
des émotions esthétiques qui ont souvent été appréciées
dans le reste du monde.

LITTÉRATURE ET ENGAGEMENT

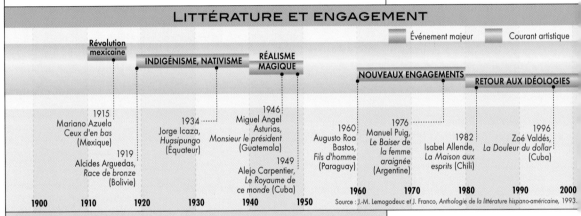

■ Événement majeur   ■ Courant artistique

Révolution mexicaine

INDIGÉNISME, NATIVISME

RÉALISME MAGIQUE

NOUVEAUX ENGAGEMENTS

RETOUR AUX IDÉOLOGIES

1915
Mariano Azuela
Ceux d'en bas
(Mexique)

1919
Alcides Arguedas,
Race de bronze
(Bolivie)

1934
Jorge Icaza,
Huasipungo
(Équateur)

1946
Miguel Angel
Asturias,
Monsieur le président
(Guatemala)

1949
Alejo Carpentier,
Le Royaume de
ce monde (Cuba)

1960
Augusto Roa
Bastos,
Fils d'homme
(Paraguay)

1976
Manuel Puig,
Le Baiser de
la femme
araignée
(Argentine)

1982
Isabel Allende,
La Maison aux
esprits (Chili)

1996
Zoé Valdés,
La Douleur du dollar
(Cuba)

1900   1910   1920   1930   1940   1950   1960   1970   1980   1990   2000

Source : J.-M. Lemogodeuc et J. Franco, Anthologie de la littérature hispano-américaine, 1993.

Réalisme magique

Le réalisme magique est apparu dans les années 1960-1970 et a provoqué l'explosion de la littérature latino-américaine et sa renommée mondiale. Les auteurs transforment des événements du quotidien en incluant des éléments de croyances populaires et religieuses de la mythologie propres aux Latino-Américains, déformant ainsi la réalité à travers une atmosphère surnaturelle. Le fait d'inclure ces éléments surnaturels dans la réalité permet de les rendre normaux, quotidiens ; le magique devient alors possible. Ce mouvement voit son apogée à une époque où l'histoire latino-américaine est marquée par les dictatures et la violence institutionnalisée. Ces dictatures vont alors lutter contre une culture qui cherche à combattre l'autoritarisme et s'éloigner de la persécution. Des auteurs comme Gabriel García Márquez, Mario Vargas Llosa, Jorge Luis Borges et Isabel Allende participent à la création d'un mouvement littéraire qui décrit l'histoire et la vie des peuples latino-américains.

> " Ne vous demandez pas,
> général, si vous êtes
> coupable ou innocent :
> demandez-vous si vous pouvez
> compter ou non sur l'appui
> du maître, parce qu'un innocent
> en mauvais termes avec
> le gouvernement, c'est pire
> que s'il était coupable !
>
> MIGUEL ÁNGEL ASTURIAS, 1946. "

PEINTURE ET ARTS PLASTIQUES EN AMÉRIQUE LATINE AU XXᵉ SIÈCLE

1922 : Semaine
d'art moderne,
Emiliano di
Cavalcanti (Brésil)

1924 : Oliverio
Girondo, Manifeste
(Argentine)

1928 : Oswald de Andrade,
Manifeste anthropophage
Tarsila do Amaral, Abaporu
(Brésil)

1937 : David
Siqueiros, L'Écho
d'un cri (Mexique)

Années 1960-1970 :
Abstraction informelle
Fernando de Szyszlo
(Pérou), Enrique Tábara
(Équateur), Rufino
Tamayo (Mexique)

Le nom des œuvres
figure en italique

MODERNISME

MURALISME

INDIGÉNISME

ABSTRACTION

ART CINÉTIQUE

1919-1925 :
Diego Rivera,
Œuvres murales
du ministère de
l'Éducation
(Mexique)

1926-1929 :
José Clemente
Orozco,
Destruction de
l'ancien ordre
(Mexique)

1935-1950 :
Réalisme social
Eduardo Kingman,
Oswaldo Guayasamín,
Huacayñán ou le
Chemin des pleurs
(Équateur)

Années 1950 :
Abstraction géométrique
Groupe Madí
(Argentine)

Années 1960-1970 :
Jesús Rafael Soto,
Vibrations, les Pénétrables
(Venezuela)

1910   1920   1930   1940   1950   1960   1970   1980

TS ENGAGÉS

Tropicalisme

Le tropicalisme est né en 1968 au Brésil, dans le contexte de la dictature militaire d'Artur da Costa e Silva. Il s'inscrit dans la lignée de la musique populaire et se présente comme une forme de résistance culturelle face à la situation que vivait le pays à l'époque. Le tropicalisme utilise beaucoup l'imitation en mêlant poésie et musique populaire, et attire les intellectuels et les masses. Il modernise la musique brésilienne, dont le manifeste est l'album *Tropicália* ou *Panis et Circensis* de Caetano Veloso. Ces chanteurs sont une alternative à la musique présentée dans Jovem Guarda, qui cherchait son inspiration dans le rock étranger et évitait toute critique sociale ou politique. Le tropicalisme, à l'inverse, cherche à définir le fait même d'être brésilien et affiche son engagement politique. Parmi les principaux représentants figurent Caetano Veloso, Gilberto Gil, Gal Costa, Os Mutantes et Tom Zé.

LES PRIX NOBEL EN AMÉRIQUE LATINE

1990	**Octavio Paz** (1914-1998)	Mexique
1982	**Gabriel García Márquez** (1928-)	Colombie
1971	**Pablo Neruda** (1904-1973)	Chili
1967	**Miguel Angel Asturias** (1899-1974)	Guatemala
1945	**Gabriela Mistral** (1889-1958)	Chili

Source : www.nobelprize.org

ORIGINE ET DIFFUSION DE LA MUSIQUE POPULAIRE

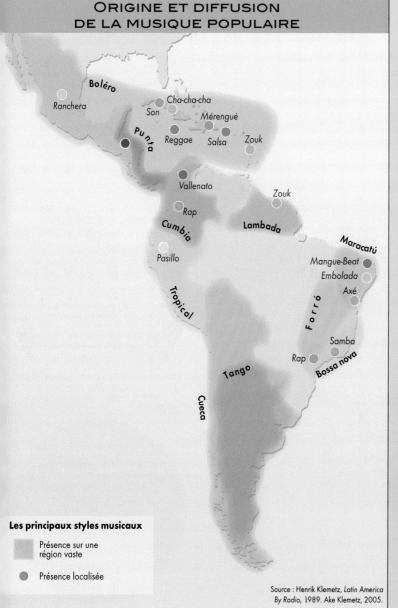

Boléro
Ranchera
Cha-cha-cha
Son
Mérengué
Punta
Reggae
Salsa
Zouk
Vallenato
Zouk
Rap
Cumbia
Lambada
Maracatú
Pasillo
Mangue-Beat
Embolada
Axé
Tropical
Forró
Samba
Rap
Bossa nova
Tango
Cueca

Les principaux styles musicaux

Présence sur une région vaste

Présence localisée

Source : Henrik Klemetz, *Latin America By Radio*, 1989. Ake Klemetz, 2005.

Muralisme

La révolution mexicaine, qui démarre en 1910, a essentiellement pour but de démocratiser le pays. Cette révolution, qui change profondément la société, a de grandes répercussions dans l'art mexicain. En 1922, un groupe de jeunes artistes révolutionnaires fonde le Syndicat de peintres, sculpteurs et ouvriers intellectuels. Ils cherchent à donner un contenu social et culturel à la révolution qui, à leurs yeux, ne change pas les structures économiques de la société. La révolution doit notamment modifier la structure de la propriété foncière, faute de quoi elle n'aurait pas parachevé son œuvre et n'aurait guère amélioré la situation des plus pauvres. Ces artistes cherchaient aussi à valoriser l'héritage de l'Amérique précolombienne et à l'adapter à la réalité mexicaine de l'époque.

José Vasconcelos, alors ministre de l'Éducation, pense la culture comme étant une création collective et ayant un contenu social et politique affiché. Il propose aux jeunes artistes de décorer de nombreux bâtiments publics. De cette manière, l'art est transposé dans les rues et les lieux publics. Le but est de socialiser l'accès à la culture et d'éviter que l'art ne demeure réservé aux élites. C'est ainsi qu'en 1922 naît le mouvement muraliste mexicain. Parmi ses principaux représentants figurent Diego Rivera (1886-1957), José Orozco (1883-1949) et José David Siqueiros (1896-1974).

LE POPULISME, L'AUTORITARISME

L'autoritarisme est un style politique qui a traversé toute l'histoire de l'Amérique latine. Il a pris différentes formes, ne variant pas seulement selon l'époque, mais également selon le contexte de chaque pays et la personnalité des dirigeants politiques. L'expression la plus connue est le « populisme », un terme qui désigne des régimes, des acteurs et des discours. L'autoritarisme trouve ses racines dans la période coloniale et s'est incarné dans les chefs de guerre qui surgissent au moment des indépendances (caudillos). Il s'exprime à travers d'autres phénomènes, postérieurs aux années caractéristiques du populisme. Il s'agit bien d'une constante politique, bien qu'il ne soit pas exclusif du continent.

La tradition populiste

En tant que style politique particulièrement présent en Amérique latine, le populisme des années 1930 et 1940 se caractérise par son caractère contradictoire. La formule consiste à ne pas trop s'éloigner de l'ancien modèle oligarchique, dans sa composante économique et politique, tout en stimulant l'industrialisation et en tentant d'élargir la participation politique. La principale caractéristique réside toutefois dans la tentative de contrôler les classes ouvrières en les intégrant, soit grâce à l'État, comme au Brésil, soit par l'intermédiaire des partis politiques liés au gouvernement, comme en Colombie ou au Venezuela.

Cette pratique politique a consolidé les relations clientélistes déjà présentes à l'époque des *caudillos*. Afin d'éviter le renforcement des mouvements sociaux, les dirigeants font usage de leur charisme personnel : on parle de « gétulisme » au Brésil ou de « péronisme » en Argentine. En outre, ils se servent de représentations symboliques comme celles de la nation ou du peuple pour incarner l'unité nationale.

Certains aspects du populisme des années 1930 et 1940 se retrouvent dans des gouvernements contemporains : le culte de la personnalité, la démagogie. On qualifie ce type de gouvernement de néopopulisme, même si le contexte, les objectifs et les moyens diffèrent. Chávez au Venezuela ou Uribe en Colombie incarnent cette tendance.

POPULISME ET NÉOPOPULISME

POPULISME
Présidents populistes avant 1960

Brésil	Getúlio Vargas	1930-1945 et 1950-1954
Argentine	Juan Domingo Perón	1946-1955
Bolivie	Paz Estenssoro	1952-1956
Mexique	Lázaro Cárdenas	1934-1940
Équateur	José María Velasco	1935-1956

NÉOPOPULISME
Présidents néopopulistes après 1985

Argentine	Carlos Menem	1989-1999
Venezuela	Hugo Chávez	1999-aujourd'hui
Pérou	Alberto Fujimori	1990-2000
Colombie	Álvaro Uribe	2002-aujourd'hui
Brésil	Fernando Collor	1990-1992
Équateur	Abdalá Bucaram Ortíz	1996-1997
Argentine	Néstor Kirchner	2003-aujourd'hui

Populisme, une définition

Le populisme est cette réaction, de type national, à une modernisation qui est dirigée du dehors. Son thème central est de rejeter les ruptures imposées par l'accumulation capitaliste ou socialiste, de compenser la modernisation induite par un accroissement du contrôle collectif des changements économiques et techniques ; bref, de maintenir ou de recréer une identité collective à travers des transformations économiques qui sont à la fois acceptées et rejetées.

> **La révolution c'est, avant tout, le triomphe des nouvelles formes de justice sociale et le droit victorieux du plus faible, du plus oublié dans l'échelle des valeurs humaines.**
>
> EVA PERÓN, 12 NOVEMBRE 1947.

LES RÉGIMES AUTORITAIRES

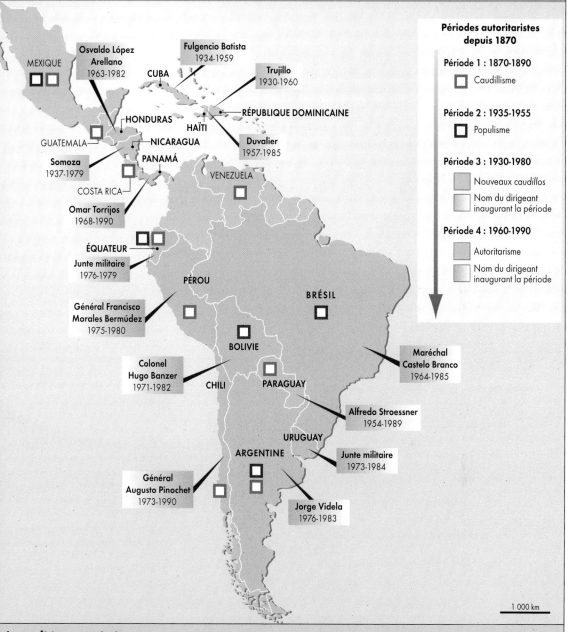

Périodes autoritaristes depuis 1870

Période 1 : 1870-1890
Caudillisme

Période 2 : 1935-1955
Populisme

Période 3 : 1930-1980
Nouveaux caudillos
Nom du dirigeant inaugurant la période

Période 4 : 1960-1990
Autoritarisme
Nom du dirigeant inaugurant la période

MEXIQUE

Osvaldo López Arellano
1963-1982

Fulgencio Batista
1934-1959

CUBA

Trujillo
1930-1960

RÉPUBLIQUE DOMINICAINE

HONDURAS

HAÏTI

GUATEMALA

NICARAGUA

Duvalier
1957-1985

Somoza
1937-1979

PANAMÁ

COSTA RICA

VENEZUELA

Omar Torrijos
1968-1990

ÉQUATEUR

Junte militaire
1976-1979

PÉROU

BRÉSIL

Général Francisco Morales Bermúdez
1975-1980

BOLIVIE

Colonel Hugo Banzer
1971-1982

CHILI

PARAGUAY

Maréchal Castelo Branco
1964-1985

Alfredo Stroessner
1954-1989

URUGUAY

ARGENTINE

Junte militaire
1973-1984

Général Augusto Pinochet
1973-1990

Jorge Videla
1976-1983

1 000 km

La tradition autoritaire

Historiquement, il y a toujours eu un fort lien entre la propriété de la terre et le pouvoir. Les détenteurs de la terre ont mis en place un système de domination caractérisé par des relations sociales verticales entre eux et leurs *peones*. Ces hommes forts, les *caudillos*, incarnaient l'autoritarisme ; ils prédominaient lors de la période des indépendances. Au XIXᵉ siècle, au Paraguay, Solano López représentait le caudillisme, personnifié par Domingo Sarmiento en Argentine ou

Benito Juárez au Mexique. Ce style a survécu jusqu'au XXᵉ siècle, comme à Cuba avec Fulgencio Batista, ou au Nicaragua où les Somoza n'ont quitté le pouvoir qu'après la révolution sandiniste. Les populistes des années 1930 et 1940, bien qu'ayant promu des avancées démocratiques, ont adopté des pratiques autoritaires de pouvoir, tels Vargas au Brésil et Perón en Argentine. Ils interdisaient les partis communistes, réprimaient et torturaient des résistants.

Dans les années 1960, une nouvelle vague d'autoritarisme apparaît : les militaires, dans le contexte de la guerre froide, voulant empêcher d'autres « révolutions cubaines », ont pris le pouvoir dans plusieurs pays par des « coups d'État préventifs ». Les années 1970 sont qualifiées d'« années sombres » en raison d'une intensification de la violence dans les régimes déjà installés et de la propagation de coups d'État dans les autres pays.

LES TRANSITIONS DÉMOCRATIQUES

À la fin des années 1970, le continent connaît une grave crise économique. Les militaires au pouvoir sont souvent divisés et affrontent le mécontentement des populations et l'hostilité des États-Unis, où le président Carter fait la promotion de la défense des droits de l'homme. Ainsi débutent les transitions vers la démocratie. En dépit de l'effet de contagion, on remarque de notables différences. Dans certains pays, ce processus est initié et contrôlé par les militaires. Dans d'autres, les civils les boutent hors du pouvoir. Partout, les premiers gouvernements doivent faire face à la crise économique, à la pauvreté et à la fragilité de la démocratie naissante.

TRANSITIONS DÉMOCRATIQUES : CHRONOLOGIE

Mode de transition démocratique

Élection

Prise de pouvoir violente*

Nomination

Transition précoce

1989 Patricio Aylwin — Président inaugurant le nouveau régime
— Date de la transition

* Paraguay : coup d'État
Panamá : intervention militaire

Source : O. Dabène, *L'Amérique latine à l'époque contemporaine*, Armand Colin, 2005.

1. Guatemala
2. Salvador
3. Honduras
4. Nicaragua
5. Costa Rica
6. Panamá
7. Équateur

La question des droits de l'homme

Pendant les années 1970, la répression des opposants aux régimes militaires s'intensifie, les prisons de « subversifs » et les « disparus » se multiplient. La politique de défense des droits de l'homme en Amérique latine a le soutien du président Jimmy Carter. En 1977, il annonce la signature par les États-Unis de la Convention américaine des droits de l'homme. Il réduit l'aide économique accordée aux gouvernements militaires en Argentine et en Uruguay, ainsi que l'assistance à plusieurs pays. En visite dans la région, Carter et des membres de son gouvernement rencontrent ouvertement les leaders de l'opposition.

Cependant, cette politique est contradictoire. D'un côté, Carter tente de contraindre les dictatures militaires à respecter les droits de l'homme et à établir des calendriers de retour à la démocratie ; de l'autre, il prend des mesures de soutien aux régimes autoritaires afin de défendre certains intérêts économiques. Ainsi, Carter approuve une aide militaire de 2,5 millions de dollars au dictateur nicaraguayen Somoza. En dépit de ses ambiguïtés, cette politique attire l'attention de l'opinion publique internationale sur la violence politique dans le continent. En réaction, les militaires de certains pays approuvent des lois d'amnistie pour éviter d'être jugés pour leurs exactions. En Argentine, la question de la responsabilité des militaires subsiste longtemps et oppose les civils aux anciens gouvernants.

NICARAGUA-BRÉSIL : DEUX TRADITIONS CONTRASTÉES

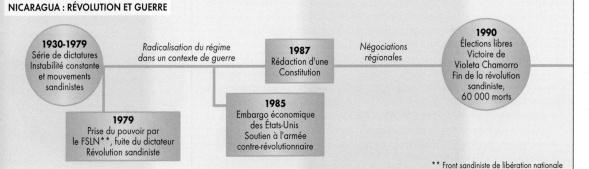

| DICTATURE | INSTABILITÉ | OUVERTURE | DÉMOCRATIE |

BRÉSIL : UNE TRANSITION "PACTÉE"

1964
Début de la dictature du maréchal Castelo Branco

Phase répressive

1974
Arrivée au pouvoir du général Ernesto Geisel Lancement du processus d'ouverture politique

Phase d'ouverture

Négociation et accord

1985
Élection de Tancredo Neves (MDB*) Fin du régime militaire

1979
Arrivée au pouvoir du général João Figueiredo La strategie d'ouverture *lenta e gradual* se poursuit

1984
Mobilisation sociale

* Movimento Democrático Brasileiro

NICARAGUA : RÉVOLUTION ET GUERRE

1930-1979
Série de dictatures Instabilité constante et mouvements sandinistes

Radicalisation du régime dans un contexte de guerre

1987
Rédaction d'une Constitution

Négociations régionales

1990
Élections libres Victoire de Violeta Chamorro Fin de la révolution sandiniste, 60 000 morts

1979
Prise du pouvoir par le FSLN**, fuite du dictateur Révolution sandiniste

1985
Embargo économique des États-Unis Soutien à l'armée contre-révolutionnaire

** Front sandiniste de libération nationale

Prises de pouvoir violentes ou transitions progressives

L'Amérique centrale connaît dans les années 1980 de violentes transitions. Au Nicaragua, la révolution sandiniste contraint en 1979 le dictateur Somoza à fuir, mais une guerre civile se déclenche qui ne prend fin qu'en 1990 avec la défaite électorale des sandinistes. Le Salvador est aussi déchiré par une guerre civile qui dure une décennie et provoque la mort de 70 000 personnes.

Pourtant, on trouve ailleurs des transitions dites « pactées », sans rupture ni violence. Au Brésil, le processus, lent et progressif, est une réponse aux divisions internes du régime. Comme en Bolivie, le gouvernement militaire brésilien change plusieurs fois les règles électorales pour rester au pouvoir, mais finit par se retirer en 1985. Au Chili, un référendum en 1988 pose la question de l'acceptation ou non de la prolongation du mandat de Pinochet pendant huit ans. La réponse est négative et les militaires respectent la volonté populaire. Le processus est semblable en Uruguay, après le rejet par référendum en 1980 d'un projet constitutionnel institutionnalisant le régime militaire. En Argentine, le pouvoir militaire se dégrade au début des années 1980. Les forces armées sont discréditées par la crise économique qui ronge le pays et par leur échec dans la guerre des Malouines. En 1983, l'élection de Raúl Alfonsín à la majorité absolue des suffrages marque la fin du régime militaire.

> **"**
> J'étais certain que la démocratie ne pourrait pas se construire sur la base d'une erreur éthique : faire comme si rien ne s'était passé.
>
> RAÚL ALFONSÍN, 1990.
> **"**

Dans les années 1980, deux transitions ont lieu en Amérique latine : le passage du pouvoir des militaires aux civils et le changement de modèle de développement économique. Les démocraties qui s'installent ont comme défis de gérer la crise économique existante et de réduire la pauvreté. Néanmoins, les pratiques politiques clientélistes sont encore présentes, les réformes néolibérales affaiblissent les États, les partis politiques ne fonctionnent pas de façon satisfaisante, les indicateurs de précarité sont à la hausse pour la majorité des Latino-Américains. Dans ce contexte, le régime démocratique ne répond guère aux attentes de la population et provoque un sentiment de désillusion.

L'antipolitique et l'apparition des outsiders

Après avoir adhéré aux préceptes néolibéraux (consensus de Washington), les partis politiques adoptent des discours unanimes, soulignant la nécessité de poursuivre les réformes économiques, mais en en atténuant la rigueur pour éviter des catastrophes sociales et d'alimenter la déception des électeurs.

Dans la phase de désillusion suivant les transitions démocratiques, l'arrivée au pouvoir de leaders étrangers aux classes politiques, les outsiders, témoigne d'une certaine crise du milieu. Ces nouvelles figures tentent d'incarner une voie alternative à la politique traditionnelle. Leur présidence est souvent chaotique. Le cas le plus connu est celui d'Alberto Fujimori au Pérou. Le cas de Fernando Collor de Mello au Brésil est aussi intéressant. Totalement inconnu dans le monde politique, il acquiert soudainement une grande popularité grâce à la chaîne de télévision Globo. Porté à la présidence en 1989, il démissionne en 1992, faisant l'objet d'enquêtes pour corruption. En Équateur, Abdalá Bucaram, neveu du populiste Assad Bucaram, est élu président en 1997, puis renversé par le Congrès.

Les outsiders ne sont pas seulement présents au niveau national, mais aussi au niveau local. En Argentine, Carlos Reutemann, ancien pilote de formule 1, devient gouverneur de la province de Santa Fe, et Ramón Ortega, ancien chanteur, gouverneur de Tucumán. Au Brésil, le phénomène devient commun : artistes, retraités, leaders religieux se présentent aux élections législatives des États fédérés.

Les outsiders parviennent à augmenter le taux de participation électorale, en promettant maintes réformes irréalisables. Le désenchantement gagne d'autant la population. Des études laissent entendre que l'indice global de soutien à la démocratie dans la région n'est pas aussi haut qu'espéré. Cependant, selon les Latinobarómetros, ces situations n'impliquent pas un soutien massif aux régimes autoritaires, même si le recours aux pratiques autoritaires est jugé souhaitable pour résoudre des problèmes, notamment ceux de l'insécurité.

> «
> *À l'époque actuelle, la politique se réduit surtout à l'activité politique professionnelle. Ceci explique que les personnes ne voient pas dans la politique une réponse à leurs intérêts.*
> MANUEL ANTONIO GARRETÓN, 2005.
> »

LA DÉCEPTION POLITIQUE

« La démocratie est préférable à toute autre forme de gouvernement »

Évolution du pourcentage des personnes approuvant cette phrase de 1996 à 2004

- + 12 %
- de 0 à + 4 %
- de - 2 à - 10 %
- de - 11 à - 15 %
- de - 16 à - 19 %
- - 20 %

39 Pourcentage des personnes approuvant cette phrase en 2004

MEXIQUE **53**
35 GUATEMALA
HONDURAS **46**
NICARAGUA **39**
50 SALVADOR
VENEZUELA **74**
67 COSTA RICA
64 PANAMÁ
COLOMBIE **46**
46 ÉQUATEUR
PÉROU **45**
BRÉSIL **41**
BOLIVIE **45**
39 PARAGUAY
CHILI **57**
64
URUGUAY **78**
ARGENTINE

1 000 km

Source : Latinobarómetro 2004.

IDERS

L'exemple de Fujimori au Pérou (1990-2002)

Au Pérou, après le retour au pouvoir des civils, la violence de la guérilla du Sentier lumineux et du mouvement révolutionnaire Tupac Amaru oblige la démocratie à établir une situation de militarisation progressive. À la fin des années 1980, le pays connaît de surcroît une hyperinflation. Lors des élections présidentielles de 1990, un candidat inconnu est élu : à travers un discours populiste et porté à la présidence par le soutien populaire, il s'oppose à la classe politique en bloc. Contrairement à ce qu'il avait annoncé, Alberto Fujimori prend une série de mesures d'ajustement, le « fujichoc », d'inspiration nettement orthodoxe et néolibérale. En 1991, ces mesures entraînent un accroissement de la misère de la population. Les mouvements sociaux réclament des augmentations de salaire ; une grève générale trouble le pays et provoque une hausse du niveau de violence.

Afin de faire face à la crise, Fujimori se dote de pouvoirs exceptionnels et gouverne par décrets-lois. En avril 1992, il dissout le Parlement, réorganise le pouvoir judiciaire et suspend les garanties constitutionnelles. Bien que la communauté internationale le désapprouve, plus de 75 % des Péruviens soutiennent cet *autogolpe* (« auto-coup d'État »). Fujimori déclare défendre la démocratie et combattre la corruption. Dans la lutte antiterroriste, il obtient des résultats : les chefs de Tupac Amaru et du Sentier lumineux sont arrêtés. Fin 1992, il organise des élections parlementaires remportées par son parti. En 1993, les attentats diminuent et l'inflation est peu à peu contrôlée. Grâce à la réhabilitation du pays par le FMI, les investissements augmentent. Une nouvelle Constitution est adoptée et, en 1995, Fujimori se fait réélire. En 2000, il est de nouveau réélu, mais des fraudes électorales sont dénoncées. Les scandales et les preuves de corruption s'accumulent. Il est destitué en novembre 2000, puis se réfugie au Japon en 2002.

Le cas Fujimori est représentatif du sort des outsiders. Son style de gouvernement autoritaire incarne aussi la figure populiste en inaugurant des écoles, des routes et des centres sociaux, en visitant des communautés pauvres, afin d'avoir un contact très proche avec la population et de faire constamment son autopromotion.

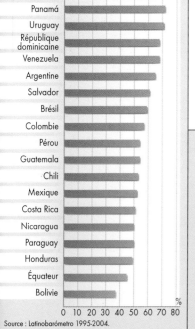

L'IMPORTANCE DU VOTE

« La façon de voter peut-elle changer les choses? »

Pourcentage de réponses positives à cette question (2004)

Source : Latinobarómetro 1995-2004.

Le sens et le rôle des sondages

Depuis les années 1980, les enquêtes d'opinion publique se sont multipliées. En Amérique latine, les Latinobarómetros mesurent régulièrement les bases sociales du soutien à la démocratie, les idées, comportements et attitudes des citoyens.

Cet exercice rencontre toutefois des limites. L'application de questionnaires identiques, avec des questions fermées, à des sociétés aux traditions politiques très diverses peut induire en erreur. De plus, ces études ne différencient pas le soutien diffus à la démocratie des soutiens spécifiques apportés à des gouvernements. Ainsi, les Uruguayens peuvent se montrer peu satisfaits de leur gouvernement, mais ils ne rejettent pas la démocratie, car ils n'ont pratiquement pas connu d'autres formes de régime. Leurs voisins paraguayens, en revanche, n'ont guère vécu en démocratie au cours du XXᵉ siècle et confondent la performance des gouvernements et la valeur du régime. Ces types de recherche comparative sont toutefois utiles, car elles permettent de mettre à jour une indéniable insatisfaction vis-à-vis des performances des gouvernements et, au-delà, du fonctionnement des régimes politiques démocratiques.

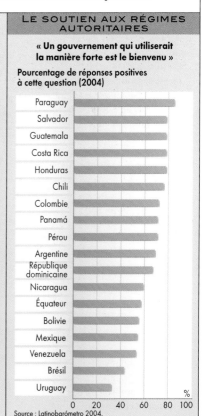

LE SOUTIEN AUX RÉGIMES AUTORITAIRES

« Un gouvernement qui utiliserait la manière forte est le bienvenu »

Pourcentage de réponses positives à cette question (2004)

Source : Latinobarómetro 2004.

LA NOUVELLE INSTABILITÉ POLITIQUE

Depuis les années 1980, le rétablissement de la démocratie en Amérique latine n'a pas débouché sur une amélioration des conditions de vie de la majorité de la population et les efforts pour améliorer les institutions publiques et le respect des droits fondamentaux n'ont guère été couronnés de succès. Les gouvernements demeurent faibles en raison d'une insuffisante légitimité électorale, n'assurant ni stabilité ni capacité à diriger. Depuis la crise brésilienne de 1992, avec la démission du président de la République Fernando Collor de Mello accusé de corruption, d'autres pays d'Amérique latine comme l'Équateur et la Bolivie ont traversé des phases d'instabilité politique.

L'INSTABILITÉ POLITIQUE SUR LE CONTINENT

LES PRÉSIDENTS DESTITUÉS
Hernán Siles Suazo (Bolivie) en 1985, Fernando Collor de Mello (Brésil) en 1992, Jorge Serrano Elías (Guatemala) et Carlos Andrés Pérez (Venezuela) en 1993, Joaquín Balaguer (République dominicaine) en 1994, Abdalá Bucaram (Équateur) en 1997, Jamil Mahuad (Equateur) et Raúl Cubas Grau (Paraguay) en 1999, Alberto Fujimori (Pérou) en 2000, Fernando de la Rúa (Argentine) en 2001, Gonzalo Sánchez de Lozada (Bolivie) en 2003, Jean-Bertrand Aristide (Haïti) en 2004, Carlos Mesa (Bolivie) et Lucio Gutiérrez (Équateur) en 2005.

1993 Serrano Elías
2004 Aristide
RÉP. DOMINICAINE
1994 Balaguer
HAÏTI
1 000 km
GUATEMALA
1993 Pérez Rodríguez
VENEZUELA
1997 Bucaram
2000 Mahuad
2005 Gutiérrez
ÉQUATEUR
1997 ►
2000 ►
2005 ►
1992 Collor de Mello
PÉROU
BRÉSIL
2000 Fujimori
BOLIVIE
2003 ►
2005 ►
2003 Sanchéz de Lozada
PARAGUAY
1999 Cubas
2005 Mesa
ARGENTINE
2001 De la Rúa

Causes de la crise
■ Crise économique
■ Corruption, scandales
■ Mécontentement des populations indigènes
■ Désordres institutionnels
■ Demande d'une plus grande implication de l'État dans l'économie
■ Violation des droits de l'homme

Nombre de destitutions par pays depuis 1992*
1
2
3
aucune

2000 Fujimori — Nom du dirigeant destitué
— Année de destitution

* Président destitué avant 1992 :
Siles Suazo, Bolivie (1985)

Source : BID.

1992-2006

La manque de confiance dans les institutions

La stabilité politique en Amérique latine repose sur la figure du président de la République. Les enquêtes des Latinobarómetros montrent que la confiance dans les élites est bien inférieure à celle accordée aux gouvernements, elle-même inférieure à la confiance envers les présidents. Le cas de l'Argentine est emblématique : seules 18 % des personnes interrogées en 2005 déclarent avoir confiance dans les partis politiques, contre 42 % dans le gouvernement et 62 % dans le président Kirchner. Lorsque la cote de popularité d'un président s'écroule, les institutions ne disposent plus guère de support. En 2005, les présidents les plus populaires se trouvaient en Uruguay (72 % d'opinions favorables) et au Chili (67 %), les moins populaires au Pérou (13 %) et en Équateur (14 %). Pas moins de 14 présidents n'ont pu aller au bout de leur mandat depuis 1985.

LA BOLIVIE 2001-2006

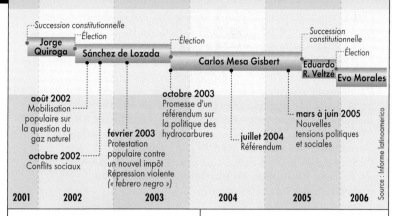

Source : Informe latinoamerico

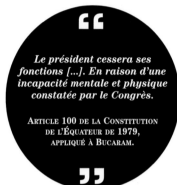

> **Le président cessera ses fonctions [...]. En raison d'une incapacité mentale et physique constatée par le Congrès.**
>
> ARTICLE 100 DE LA CONSTITUTION DE L'ÉQUATEUR DE 1979, APPLIQUÉ À BUCARAM.

Bolivie : la question du gaz

L'exploitation du pétrole a été nationalisée en Bolivie en 1936 ; celle des mines d'étain, en 1952. Deux lois, promulguées en 1996, sont à l'origine de la remise en cause de ce contrôle et provoquent une instabilité qui emporte deux présidents en deux ans : la loi de capitalisation, qui permet la privatisation du secteur du gaz, et la loi des hydrocarbures, qui rend attrayant ce secteur pour les investisseurs étrangers. La découverte de nouveaux gisements de gaz en 1997 incite les mouvements sociaux, notamment indiens, à exiger le contrôle national de ces richesses. La mobilisation démarre en avril 2000.

En octobre 2003, des manifestations s'opposent à la vente de gaz au Chili et, suite à une violente répression, le président Sánchez de Lozada abandonne le pouvoir. Son successeur Carlos Mesa organise en juillet 2004 un référendum, à l'occasion duquel plus de 70 % des Boliviens approuvent le principe d'une nationalisation du gaz. Le Mouvement vers le socialisme (MAS) d'Evo Morales est aux avant-postes de cette mobilisation.

En janvier 2005, le contrôle de l'eau suscite la mobilisation d'un quartier pauvre de La Paz, El Alto, qui obtient gain de cause. La nouvelle loi sur les hydrocarbures ne satisfait pas les mouvements sociaux, qui contraignent le président Mesa à démissionner en juin 2005.

L'Équateur : crise et multiculturalisme

Neuf présidents se succèdent en neuf ans. Dans les années 1990, l'incapacité des gouvernements à répondre aux revendications des mouvements indiens concernant la réforme agraire est à l'origine de cette instabilité. En 1990, 1994 et 1997, de vastes soulèvements indiens ébranlent le système. Sous l'influence de la Conaie (Confédération des nationalités indigènes d'Équateur), une nouvelle Constitution est promulguée en 1998, qui reconnaît le caractère pluriculturel du pays. En 2000, les conséquences sociales de la crise économique et de la dollarisation aggravent les tensions. Le président Mahuad cède sa place au vice-président, Gustavo Noboa. En 2002, le mouvement indien choisit d'appuyer la candidature de Lucio Gutiérrez, avec qui il avait mené une tentative de coup d'État en janvier 2000. Mais une fois élu en novembre 2002, Gutiérrez déçoit sa base, et il est contraint à la démission en avril 2005.

L'ÉQUATEUR 1996-2005

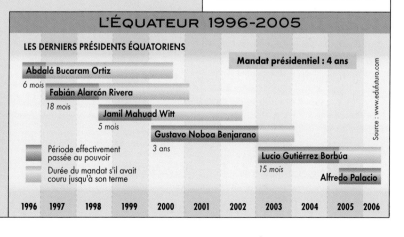

Source : www.edufuturo.com

LA DÉMOCRATIE PARTICIPATIVE

La fragilité des régimes démocratiques s'explique par leur absence d'efficacité et le faible engagement citoyen. La période précédant les passages à la démocratie des années 1980 a vu les modes populaires d'action politique se développer. Une fois les démocraties installées, les acteurs sociaux ont poursuivi leur combat, cette fois pour imposer aux classes politiques une transparence décisionnelle de nature à consolider leur légitimité démocratique. Le Brésil expérimente et popularise des dispositifs de démocratie participative. Ce pays devient un acteur phare du développement de formes nouvelles de participation politique, notamment à l'échelle locale.

> "
> *Le processus du budget participatif adresse une critique pratique à la liberté purement formelle, par laquelle le citoyen vote et rentre chez lui.*
>
> TARSO GENRO,
> UBIRATAN DE SOUZA, 1996.
> "

Différentes expériences

L'Amérique latine a toujours pratiqué un type de démocratie représentative relativement excluant, avec un suffrage restreint. Différentes modalités de participation populaire ont toutefois été mises en œuvre, souvent par des régimes populistes ou autoritaires, à l'instar du Système national d'appui à la mobilisation sociale de Velasco au Pérou, en 1971.

Dans les années 1970, trois secteurs de la société prennent une importance décisive dans les mobilisations contre l'autoritarisme : le nouveau syndicalisme, débarrassé de ses penchants corporatistes, la tendance progressiste de l'Église catholique et les groupes de gauche qui continuent, une fois la démocratie installée, de prôner la participation politique directe. Ils sont d'autant plus entendus que la démocratie représentative est très vite discréditée. De nombreuses Constitutions sont réformées dans les années 1990 pour faciliter le développement de la démocratie participative.

INDICE DE DÉVELOPPEMENT DÉMOCRATIQUE 2004-2005

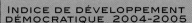

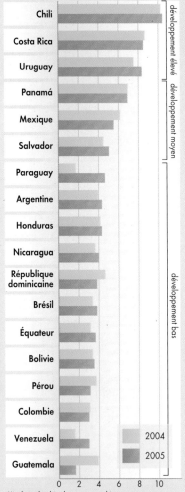

L'indice de développement démocratique est un indice composite regroupant 31 indicateurs (type de régime, état des libertés, qualité des institutions, déroulement des élections...). Il est développé annuellement et ne concerne que l'Amérique latine.

Source : Fondation Konrad Adenauer, www.politat.com.

ÉVOLUTION DU BUDGET PARTICIPATIF AU BRÉSIL

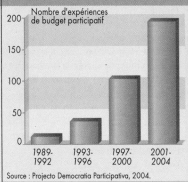

Source : Projecto Democratia Participativa, 2004.

Indice démocratique et indice de participation populaire

Parmi les indices élaborés afin de mesurer l'évolution de la démocratie, un des plus pertinents est l'IDD-Lat, l'indice de développement démocratique de l'Amérique latine, créé par la fondation Konrad Adenauer pour le site Polilat.com. Son objectif est d'explorer les réalités politiques à la lueur des réussites et des difficultés du développement démocratique. Cet indice analyse la situation de la démocratie dans 18 pays, en prenant en compte quatre dimensions : les conditions de base de la démocratie, le respect des droits politiques et des libertés civiles, la qualité institutionnelle et l'efficience politique (y compris la transparence et la corruption), l'exercice du pouvoir et la gouvernabilité (capacité à produire du bien-être et de la croissance économique). En 2005, les pays avec les meilleurs résultats sont ceux d'Amérique du Sud comme le Chili et l'Uruguay, et certains d'Amérique centrale, comme le Costa Rica et le Panamá.

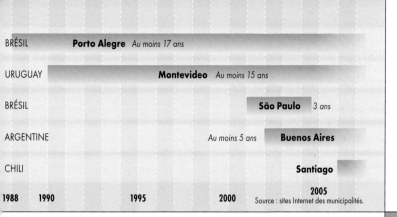

URÉE MOYENNE DU BUDGET PARTICIPATIF DANS CINQ VILLES

Source : sites Internet des municipalités.

Qu'est-ce que la démocratie participative ?

La démocratie participative mêle des caractéristiques de la démocratie représentative et de la démocratie directe. Tout en maintenant le système de représentation, elle lui adjoint des mécanismes de démocratie directe qui donnent plus de légitimité et d'efficacité aux décisions des représentants. Cela stimule ainsi la participation et l'intérêt de la population pour les questions politiques, les référendums et les initiatives populaires. Le dispositif de démocratie participative le plus connu est le budget participatif, mis en œuvre pour la première fois en 1989 à Porto Alegre par le Parti des travailleurs (PT), qui donne la possibilité aux habitants d'un quartier de formuler des demandes et de délibérer sur des priorités en matière d'investissements publics. Les succès de cette expérience, en termes notamment de progrès sociaux, ont stimulé le développement de nouvelles expériences de budget participatif, au Brésil, dans toute l'Amérique latine et dans le monde.

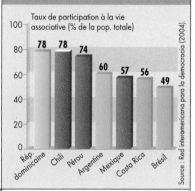

PARTICIPATION POPULAIRE

Taux de participation à la vie associative (% de la pop. totale)

Source : Red interamericana para la democracia (2004).

PARTICIPATION ET DÉVELOPPEMENT AU BRÉSIL

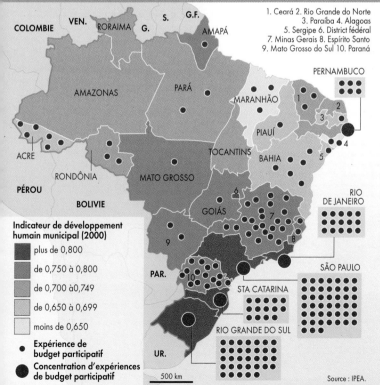

1. Ceará 2. Rio Grande do Norte 3. Paraíba 4. Alagoas 5. Sergipe 6. District fédéral 7. Minas Gerais 8. Espírito Santo 9. Mato Grosso do Sul 10. Paraná

Indicateur de développement humain municipal (2000)
- plus de 0,800
- de 0,750 à 0,800
- de 0,700 à0,749
- de 0,650 à 0,699
- moins de 0,650

• Expérience de budget participatif

● Concentration d'expériences de budget participatif

500 km

Source : IPEA.

Le Forum social mondial

Le Forum social mondial est un espace de débat, où sont discutées des alternatives à la mondialisation néolibérale et à la domination capitaliste. Créé à l'initiative du Parti des travailleurs (PT), avec le soutien de l'Association pour la taxation des transactions pour l'aide aux citoyens (Attac), la première rencontre mondiale a lieu en 2001 à Porto Alegre (Brésil), ville gérée par le PT qui y met en œuvre depuis 1989 un budget participatif. Ce premier Forum a lieu symboliquement en même temps que le Forum économique mondial de Davos, en Suisse, qui, depuis 1971, joue un rôle important dans la formulation de la pensée néolibérale.

Le premier Forum réunit 20 000 personnes, le troisième plus de 100 000. Le slogan « Un monde meilleur est possible » devient populaire dans le monde entier. Ces forums sont des rendez-vous importants du mouvement altermondialiste.

RÉGIONALISME : ÉTAPES ET MODALITÉS

L'unification des anciennes colonies portugaises et espagnoles était le rêve du leader indépendantiste Simón Bolívar dès 1826. Le continent américain, caractérisé par une forte unité historique, religieuse et linguistique, est la région où l'on compte le plus grand nombre de systèmes d'intégration régionale. L'intégration économique n'avance pourtant guère, du fait des disparités régionales et de l'instabilité politique. Après avoir été ralentie par des crises économiques et des phases de protectionnisme, l'intégration régionale a connu une relance spectaculaire au début des années 1990. L'intégration énergétique permettra d'accélérer cette dynamique.

LES ACCORDS D'INTÉGRATION

1 000 km

ÉTATS-UNIS

MEXIQUE

BELIZE
HONDURAS
GUATEMALA
NICARAGUA
SALVADOR
COSTA RICA
PANAMÁ
COLOMBIE
ÉQUATEUR

VENEZUELA
GUYANA
SURINAM

BRÉSIL

PÉROU
BOLIVIE

PARAGUAY
CHILI

ARGENTINE
URUGUAY

1960
MCCA (Marché commun centraméricain)
aujourd'hui SICA

1969
GRAN (Groupe andin)
aujourd'hui CAN

1972
CARICOM
(Communauté des Caraïbes)

1986
Groupe de Rio (toute l'Amérique latine sauf Cuba)

1991
Mercosur
(Marché commun du Sud)

Membres associés du Mercosur

Groupe des trois

1992
ALENA (Accord de libre-échange nord-américain)

Prévue en 2005 mais non appliquée
ZLEA (Zone de libre-échange des Amériques) : tout le continent américain sauf Cuba

La question du pétrole : l'ALBA

Le Venezuela cherche une alternative au projet de zone de libre-échange des Amériques (ZLEA) impulsé par les États-Unis. Son président, Hugo Chávez, a proposé l'Alternative bolivarienne pour l'Amérique latine (ALBA, « aube » en espagnol) en 2001, qui propose une renaissance par une intégration « fondée sur la justice et la solidarité ». Chávez prévoit la création d'un géant pétrolier latino-américain, Petroamérica, et souhaite installer le « mégaduc du Sud », un immense gazoduc de 10 000 km de long, qui permettra à la Bolivie et au Venezuela d'alimenter les principaux marchés du cône sud. Le développement des interconnexions régionales se traduira par une plus grande efficacité économique, le but étant de créer un marché régional autosuffisant. L'Alba n'est encore qu'une proposition, mais la coopération énergétique peut devenir un accélérateur de l'intégration régionale.

LES ENJEUX ÉNERGÉTIQUES

1 000 km

ÉTATS-UNIS

MEXIQUE
Guadalajara
Mexico

RÉPUBLIQUE
DOMINICAINE

1. Guatemala
2. Salvador
3. Honduras
4. Nicaragua
5. Costa Rica
6. Panamá

Caracas
TRINITÉ-
ET-TOBAGO

VENEZUELA
Bogotá
COLOMBIE
Quito
ÉQUATEUR

7. Guyana
8. Surinam

Manaus
Fortaleza

B R É S I L
Salvador

PÉROU
Brasília

Lima
Cuzco
BOLIVIE
La Paz

9. Paraguay

São Paulo

CHILI
Asunción
Rio de
Janeiro

ARGENTINE
Porto Alegre

Santiago
URUGUAY
Buenos Aires

Gaz naturel
• Gisement
⟋ Gazoduc en service
⋯ Gazoduc en projet

Pétrole
• Gisement
⟋ Oléoduc en service

Source : ARPEL (2003), *Petroleum Economist* (2002).

« Selon l'opinion de tous les présidents, [le mégaduc du Sud] est l'un des pas les plus importants vers la consolidation d'une Amérique du Sud unie. L'énergie est en train de devenir le fil conducteur de cette intégration. »

MARCO AURELIO GARCÍA,
19 JANVIER 2006.

CHRONOLOGIE

⬤ **Intégration régionale par la consolidation de la démocratie et contre la menace communiste**
Volonté de stabilité politique des États-Unis pour le sous-continent américain.

1947 Traité de Rio
1948 Charte de l'OEA : Organisation des États américains, pacte de Bogotá
1954 « Déclaration de solidarité pour le maintien de l'intégrité politique des États américains contre l'intervention du communisme international »
1961 « Alliance pour le progrès » Kennedy

⬤ **Années 1950 : intégration économique et protectionnisme**

1948 CEPAL : Commission économique pour l'Amérique latine
1951 ODECA : Organisation des États centraméricains
1960 MCCA (cf. carte)
1960 ALALC : Association latino-américaine de libre commerce (Argentine, Chili, Brésil, Uruguay, Mexique, Pérou et Paraguay puis Colombie, Équateur, Venezuela et Bolivie)
1969 GRAN : Groupe andin (cf. carte)

⬤ **Années 1960-1970 : crise de l'intégration**

1969 Guerre entre Salvador et Honduras
Entrée en dictature de 9 pays
1973 CARICOM (cf. carte)
1976 Le Chili quitte le GRAN

⬤ **Années 1980-1990 : création d'associations politiques**
Consensus sur la consolidation de la démocratie et sur le traitement collectif des problèmes communs

36 accords bilatéraux
Une dizaine d'accords de libre-échange
1980 ALADI : Association latino-américaine d'intégration (Argentine, Bolivie, Brésil, Chili, Colombie, Cuba, Équateur, Mexique, Paraguay, Pérou, Uruguay, Venezuela)
1986 Groupe de Rio (cf. carte)

Mercosur

Le Marché commun du Sud (Mercosur) existe depuis 1991. Né du rapprochement entre le Brésil et l'Argentine, il compte cinq membres et cinq associés. Le Venezuela a rejoint le bloc en 2005. Le Mercosur, qui a débuté comme une union douanière, est l'expérience la plus avancée d'intégration régionale en Amérique latine. Les échanges au sein du bloc ont été multipliés par quatre entre 1991 et 1998. Cependant, la dévaluation brésilienne de 1999 et l'effondrement du peso argentin en 2001 ont fait baisser les échanges interrégionaux. Si le Mercosur est en crise sur le plan commercial, le bloc se développe au plan politique. La signature du protocole d'Ouro Preto II en 2004 a permis l'institutionnalisation du Mercosur, qui dispose désormais d'un tribunal permanent, d'une commission de représentants permanents, d'un secrétariat technique chargé de penser l'approfondissement du Mercosur, d'un Parlement et d'un fonds pour lutter contre les asymétries de développement.

OBSTACLES À L'INTÉGRATION

Même si l'Amérique latine a approfondi l'intégration régionale dans la dernière décennie, de nombreux obstacles demeurent, parmi lesquels les rivalités entre les pays, la forte instabilité politique et la montée en force des nationalismes. L'Amérique latine est le continent qui connaît le plus de conflits frontaliers au monde. La Bolivie incarne les problèmes soulevés par ces différends frontaliers. La Colombie, de son côté, connaît un conflit intérieur qui irradie au-delà de ses frontières. L'intégration régionale est par ailleurs handicapée par l'inexistence d'infrastructures. Les couloirs biocéaniques qui connectent les océans Pacifique et Atlantique ne se développent pas.

Pas de guerres, beaucoup de conflits et de tensions

L'Amérique latine a connu peu de guerres interétatiques depuis son indépendance mais les tensions et les conflits diplomatiques sont nombreux. La plupart de ces conflits limitrophes datent du XIXᵉ siècle et sont dus à des démarcations frontalières contestées. Ils représentent un obstacle à l'intégration régionale, car ils peuvent resurgir avec force de façon imprévisible. Ils ne débouchent toutefois que rarement sur des affrontements armés, sauf en 1995 avec la guerre entre l'Équateur et le Pérou qui a causé 60 morts.

La question de la souveraineté sur le golfe du Venezuela, qui oppose la Colombie au Venezuela, et les revendications de la Guyana et du Surinam sur l'embouchure du Courantyne sont devenues urgentes depuis la découverte de pétrole. En Amérique centrale, la question des eaux territoriales à l'embouchure du río San Juán et dans le golfe de Fonseca se repose avec force depuis l'accord entre le Nicaragua et la Colombie de 1999, ne prenant pas en compte les intérêts du Panamá, du Costa Rica et du Honduras.

Certains conflits ont été résolus pacifiquement : le Guatemala a reconnu la souveraineté du Belize en 1991. L'appartenance de la Patagonie au Chili, autrefois contestée, est désormais oubliée. Les différends frontaliers entre le Costa Rica et le Panamá et entre le Guatemala et le Honduras ont été résolus, respectivement en 1941 et 1933.

« Après quinze ans de sacrifices consentis pour que l'Amérique soit libre [...], j'ai invité le Mexique, le Pérou, le Chili et Buenos Aires à former une confédération.

Simón Bolívar, 1824.

LA BOLIVIE : PERTE DE L'ACCÈS À LA MER

LES AXES ROUTIERS BIOCÉANIQUES

1 500 km

Axe amazonien

Coupure de 87 km de la route panaméricaine

Axe interocéanique central

Axe du Capricorne

Axe du Sud

Axe Mercosur-Chili

Axes routiers
- Route panaméricaine
- Autre route transfrontalière

Couloirs bi-océaniques
(axes de développement planifié)
- Peu développé
- Assez développé
- Très développé
- Zone de développement planifié (PPP : Plan Puebla-Panamá)

Source : IIRSA.

La Bolivie, un pays enclavé

Depuis son indépendance en 1825, la Bolivie a perdu près des deux tiers de son territoire, que se sont partagé ses voisins. C'est avec le seul Chili que la Bolivie maintient une relation hostile. Pendant la guerre du Pacifique de 1879, le Chili envahit les provinces bolivienne de l'Atacama (littoral) et péruvienne d'Arica. Les conséquences sont lourdes pour la Bolivie qui a perdu son accès à la mer. Le peuple bolivien cultive un grand ressentiment envers le Chili. Aujourd'hui, la Bolivie rejette la proposition de l'accès à un port chilien, libre de droits de douane. Elle revendique la récupération d'une côte souveraine, ce qui nécessite l'accord du Pérou, qui ne souhaite pas perdre sa frontière avec le Chili. L'enclavement de la Bolivie pose notamment problème pour l'exportation du gaz. Ce contentieux frontalier reste latent, ce qui justifie l'intégration régionale. En 2005, la Bolivie a envoyé « la lettre la plus longue du monde » (140 km) à l'ONU pour plaider son cas.

LES TENSIONS FRONTALIÈRES

Types de tension

Conflit lié à des démarcations de frontière entre deux ou plusieurs pays

Conflit lié à des incursions dans les pays voisins

État de la tension

Actuel

Latent

Résolu

MEXIQUE

1 000 km

Îles Quitasueño et Serrana (Nicaragua-Colombie)

NICARAGUA

Golfe du Venezuela 1990

Incursion de la guérilla 1990

VENEZUELA

GUYANA

Embouchure du Courantyne XIXᵉ siècle

SURINAM

Guyane française

Incursion de la guérilla 1990

Guayana Essequibo

COLOMBIE

Incursion de la guérilla 1990

New River Triangle 1929

Rivières Litani et Marouini 1961

ÉQUATEUR

Démarcation XIXᵉ siècle-1995

B R É S I L

PÉROU

Acre 1903

Mato Grosso 1928

Littoral 1879-1884

BOLIVIE

Littoral 1879-1884

Gran Chaco 1938

CHILI

PARAGUAY

Démarcation XIXᵉ siècle

ARGENTINE

URUGUAY

Laguna del Desierto XIXᵉ siècle

Îles Malouines (avec le Royaume-Uni) 1982

BELIZE

Reconnaissance de la souveraineté du Belize

Démarcation 1843-1928

HONDURAS

Eaux territoriales

Démarcation 1999

GUATEMALA

SALVADOR

Golfe de Fonseca

NICARAGUA

Río San Juan

PANAMÁ

COSTA RICA

Démarcation 1879-1921

Colombie, la menace

La Colombie représente un obstacle pour le processus d'intégration régionale. Le conflit colombien déborde en effet de ses frontières. Les incursions des trafiquants de drogue, des guérillas et des groupes paramilitaires sont nombreuses dans les pays voisins. Les militants des Forces armées révolutionnaires de Colombie (FARC) se réfugient régulièrement en Équateur. Les incursions au Venezuela sont aussi fréquentes, la frontière entre ces deux pays n'étant guère étanche. Les paramilitaires colombiens pénètrent régulièrement en territoire vénézuélien. Le Venezuela accuse alors le plan Colombie, qui provoque le déplacement des bases de la guérilla vers son territoire. Ce plan, appuyé par les États-Unis, cherche à consolider la démocratie et à lutter contre le narcotrafic. En décembre 2004, un incident diplomatique a eu lieu entre la Colombie et le Venezuela, Rodrigo Granda, membre important des FARC, ayant été arrêté et enlevé à Caracas, violant la souveraineté du Venezuela.

L'Amérique latine jouit d'une grande notoriété pour ses produits de grande consommation comme la viande (Argentine) ou le café (Brésil). L'Équateur est même un des plus grands producteurs de crevettes au monde, et la Colombie, de fleurs. Cependant, son image est ternie par l'importance du commerce illicite. Déjà très développés au temps de la colonie pour contourner les règlements tatillons, les trafics ont pris de l'ampleur. Ils reflètent souvent des situations politiques confuses ou répondent à des stratégies de survie. Dans certains pays, ils en viennent à représenter une part importante des échanges extérieurs. Dans les pays andins, le trafic de drogue alimente la violence.

LE COMMERCE INTERNATIONAL

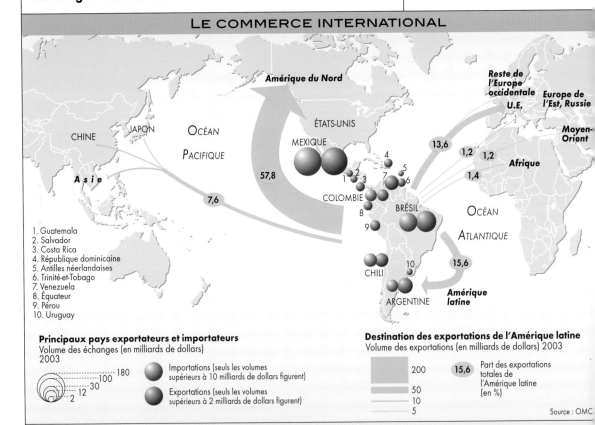

1. Guatemala
2. Salvador
3. Costa Rica
4. République dominicaine
5. Antilles néerlandaises
6. Trinité-et-Tobago
7. Venezuela
8. Équateur
9. Pérou
10. Uruguay

Principaux pays exportateurs et importateurs
Volume des échanges (en milliards de dollars)
2003

⬭ 180
⬭ 100
⬭ 30
⬭ 12
⬭ 2

● Importations (seuls les volumes supérieurs à 10 milliards de dollars figurent)

● Exportations (seuls les volumes supérieurs à 2 milliards de dollars figurent)

Destination des exportations de l'Amérique latine
Volume des exportations (en milliards de dollars) 2003

200
50
10
5

15,6 Part des exportations totales de l'Amérique latine (en %)

Source : OMC

Les exportations : diversification et marginalisation

L'Amérique latine a une production qui paraît diversifiée mais qui demeure limitée. La diversification des exportations ne doit pas masquer que les fleurons de l'économie latino-américaine continuent d'être les produits agricoles et les combustibles (gaz ou pétrole). Ces deux derniers produits permettent à l'Amérique latine d'occuper une place plus importante sur la scène internationale. Cependant, elle accuse un sérieux retard dans l'industrie de pointe.

Le continent subit par ailleurs une certaine marginalisation dans les volumes d'échanges globaux. Les importations et exportations, après avoir chuté en 2001 et 2002, remontent timidement en 2003. En 2002, l'économie était en récession de 0,8 % ; l'année suivante, elle renoue avec la croissance, mais avec un modeste taux de 1,2 %. Le continent compte sur le commerce intrarégional pour se relancer. Mais celui-ci a stagné entre 15 et 16 % des exportations totales de la région.

L'Amérique latine tente de trouver de nouveaux partenaires commerciaux (Chine ou pays arabes) pour compenser sa marginalisation de la triade (Amérique du Nord, Europe de l'Ouest et Asie orientale).

L'Amérique latine et les Caraïbes ne représentent que 5,4 % des exportations et 4,8 % des importations mondiales de marchandises. Son poids dans les échanges mondiaux est similaire à celui des pays de l'Europe de l'Est.

La drogue en Colombie

La Colombie est le plus grand producteur et raffineur de coca au monde, et le principal exportateur de cocaïne. La production illicite est ancrée dans l'histoire de ce pays. Le grand « boom de la coca » se produit à la fin des années 1970, alors que les économies latino-américaines entrent en crise, à la faveur de chocs pétroliers et de la chute des cours des matières premières. C'est alors que se mettent en place des cartels de producteurs dans des villes comme Medellín ou Cali. Les narcotrafiquants colombiens se tournent vers l'exportation, notamment vers les marchés européen et nord-américain, qu'ils alimentent à 90 %. Ils développent des réseaux dans les pays se situant sur la « route de la drogue » et là où ils peuvent blanchir leurs revenus.

En réaction, les États-Unis imposent aux pays producteurs des politiques antidrogue, éliminant ainsi l'offre de drogue dans leur pays, sans se préoccuper de traiter la demande. En Colombie, les cartels ont été affaiblis par la disparition des grands barons de la drogue, les frères Orejuela et Pablo Escobar. Dans les années 2002-2006, les présidents Bush et Uribe coopèrent pour mettre en œuvre une politique sécuritaire visant à la fois à détruire les cultures et à combattre les forces irrégulières (paramilitaires, guérillas). Cependant, ces plans d'éradication militarisés, tout comme les stratégies de substitution de culture des organisations internationales, ont une efficacité limitée. Les trafiquants contrôlent toujours de larges portions du territoire et font vivre de nombreuses familles pauvres.

LE NARCOTRAFIC

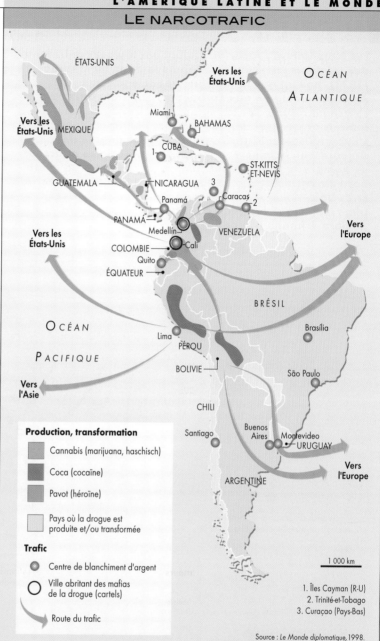

Production, transformation

Cannabis (marijuana, haschisch)

Coca (cocaïne)

Pavot (héroïne)

Pays où la drogue est produite et/ou transformée

Trafic

Centre de blanchiment d'argent

Ville abritant des mafias de la drogue (cartels)

Route du trafic

1. Îles Cayman (R-U)
2. Trinité-et-Tobago
3. Curaçao (Pays-Bas)

Source : *Le Monde diplomatique*, 1998.

LES PRINCIPAUX PRODUITS EXPORTÉS

Produits manufacturés 56 %

6,4 6,1 17,5
2,3
31,1   16   Produits agricoles 19,8 %
4,9   8,2   Produits des industries extractives 22,2 %
5,2   2,8

En %

Produits alimentaires
Matières premières
Combustibles
Minerais et métaux
Fer et acier
Produits chimiques

Autres produits semi-manufacturés
Machines et matériel de transport
Textiles et vêtements
Autres   Source : OMC.

" Alors que l'industrie de la drogue confirme qu'elle est un des piliers économiques de l'Amérique latine, sa répression fournit une excuse à la mise en place d'un appareil militaro-policier de plus en plus violent.

OBSERVATOIRE GÉOPOLITIQUE DES DROGUES. "

Les États-Unis et l'Amérique latine ont toujours entretenu des relations particulières. Depuis la doctrine Monroe (1823), posant que l'Amérique appartenait aux Américains (et non aux Européens), les États-Unis cherchent à contrôler la région, pour protéger leurs intérêts et y consolider des régimes politiques complices. L'impérialisme a historiquement alterné avec le dédain. Aujourd'hui, la misère et les inégalités sociales poussent de nombreux Latino-Américains à émigrer vers un géant nord-américain de moins en moins accueillant. La frontière États-Unis-Mexique est devenue une zone militarisée, alors même que les deux pays ont signé un accord de libre-échange (Alena).

LES INGÉRENCES AMÉRICAINES EN AMÉRIQUE CENTRALE ET DANS LES CARAÏBES

Source : Le Monde diplomatique, 1995.

« Mexique, si loin de Dieu et si près des États-Unis » (Porfirio Díaz)

Dès 1847, le Mexique se voit dépossédé de plus de la moitié de son territoire par les États-Unis. Le traité de Guadalupe Hidalgo de 1848 lui enlève notamment l'État de la Californie où de l'or est découvert quelques semaines plus tard. Les États-Unis ne respectent pas les engagements pris dans ce traité consistant à respecter les propriétés des 100 000 Mexicains vivant sur ces terres riches en matières premières. Au XXᵉ siècle, les États-Unis, à cours de main-d'œuvre pour leur industrie, accueillent deux vagues de migration mexicaine durant les deux conflits mondiaux. En 1943, les deux pays signent un traité migratoire, le Programma Bracero, qui permet aux Mexicains de travailler légalement aux États-Unis. Le développement technologique et la récession économique amènent les Américains à dénoncer unilatéralement le traité, en 1964. La législation nord-américaine se durcit alors en matière migratoire. Les aides sociales sont supprimées pour les immigrés illégaux, une loi de responsabilités de l'immigrant est votée en 1996 et, dans les années 1990, la frontière est militarisée. Après les attentats du 11 septembre 2001, le président Bush crée un Centre de sécurité territoriale national, dont la mission consiste à lutter contre le terrorisme et l'immigration illégale.

L'ensemble de ces mesures ne parvient guère à freiner les flux de migration, en constante augmentation.

UNIS

Le « mur de la honte »

Les États-Unis ont toujours cherché à sécuriser la frontière sud-ouest du pays. Le 16 décembre 2005, la Chambre des représentants vote une nouvelle loi sur l'immigration, puis l'administration Bush décide de construire un mur de 1 100 km couvrant le tiers de la frontière avec le Mexique, entre la Californie et l'Arizona. L'objectif est de contrôler un flux de migrants croissant. Plus de 400 000 immigrés mexicains s'installent clandestinement aux États-Unis chaque année. Un grand nombre viennent d'Amérique centrale ou même de pays andins. Le mur n'est que le volet le plus spectaculaire d'une série de mesures destinées à contrôler les flux migratoires depuis le 11 Septembre 2001. Ces mesures peuvent gêner certains secteurs économiques nord-américains qui dépendent de cette main-d'œuvre. Elles peuvent aussi affecter les transferts d'argent des émigrés à leurs familles (*remesas*). 45 milliards de dollars ont ainsi été transférés en 2004. Elles ont surtout pour effet de dégrader les relations entre les États-Unis et les pays d'émigration, notamment le Mexique et l'Amérique centrale. Dans ces pays, des voix s'élèvent toutefois pour déplorer les effets sociaux dévastateurs des politiques néolibérales qui contraignent des millions de familles à migrer. Le 9 janvier 2006, les ministres des Affaires étrangères du Mexique, des pays d'Amérique centrale, de Colombie et de République dominicaine dénoncent la nouvelle orientation de la politique américaine et adoptent un plan commun d'aide à leurs ressortissants.

Le bilan social de l'Alena

L'Accord de libre-échange nord-américain (Alena) entre le Canada, les États-Unis et le Mexique, entré en vigueur le 1er janvier 1994, contenait deux accords complémentaires, l'un sur l'environnement, l'autre sur le droit social, ajoutés pour satisfaire les demandes des syndicats nord-américains, inquiets de possibles délocalisations industrielles. Pour le Mexique, l'obligation d'élever ses standards en matière de protection de l'environnement et du droit du travail semblait prometteuse.

Une décennie plus tard, le bilan est pourtant décevant. Le Mexique n'est pas en mesure de s'opposer à l'installation d'industries polluantes sur son territoire et les conditions de travail dans les usines de montage (*maquiladoras*) ne se sont pas améliorées. Dans les campagnes, de nombreux paysans ont été ruinés par les exportations nord-américaines et trouvent difficilement à se réinsérer.

Même aux États-Unis le bilan social est médiocre, des emplois industriels ayant été remplacés par des emplois dans le secteur des services, moins bien rémunérés et n'assurant pas le même niveau de protection sociale.

> "
> *Le gouvernement américain se dit partenaire de l'Amérique latine, mais apparemment il ne s'intéresse qu'à notre argent et à nos marchandises, considérant nos gens comme une épidémie.*
>
> EDUARDO STEIN, 2006.
> "

LA FRONTIÈRE ÉTATS-UNIS-MEXIQUE : ASSYMÉTRIE MIGRATOIRE

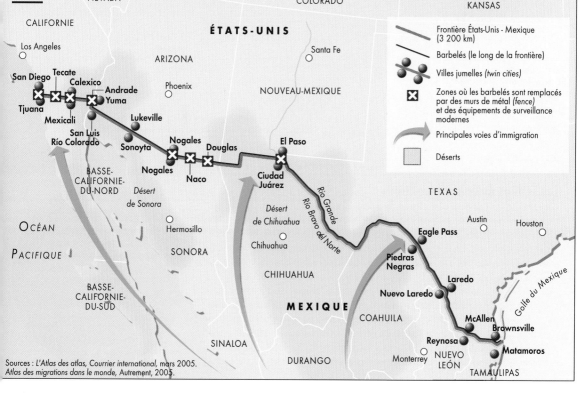

Sources : *L'Atlas des atlas, Courrier international*, mars 2005.
Atlas des migrations dans le monde, Autrement, 2005.

Aux États-Unis, les Latinos représentent près de 13 % de la population. Devenue la première du pays, cette minorité se trouve en constante augmentation, grâce à l'immigration continue et à un taux de natalité supérieur à celui des autres groupes. Les Latinos se répartissent sur l'ensemble du territoire, même si les États du Sud (Floride, Californie notamment) comprennent le plus grand nombre de villes latinisées et bilingues. Ils se montrent actifs dans de nombreux secteurs professionnels et entrent de plus en plus fréquemment en politique. Le brassage des populations métisse la culture américaine. Mais les relations avec l'Amérique latine ne sont jamais rompues.

LA PRÉSENCE HISPANO-AMÉRICAINE AUX ÉTATS-UNIS

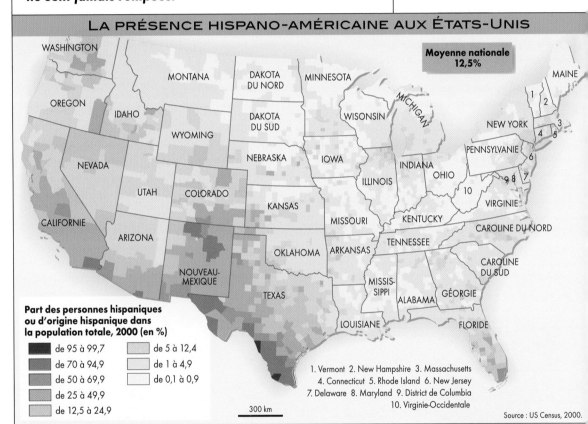

Moyenne nationale
12,5%

Part des personnes hispaniques ou d'origine hispanique dans la population totale, 2000 (en %)

- de 95 à 99,7
- de 70 à 94,9
- de 50 à 69,9
- de 25 à 49,9
- de 12,5 à 24,9
- de 5 à 12,4
- de 1 à 4,9
- de 0,1 à 0,9

1. Vermont 2. New Hampshire 3. Massachusetts
4. Connecticut 5. Rhode Island 6. New Jersey
7. Delaware 8. Maryland 9. District de Columbia
10. Virginie-Occidentale

300 km

Source : US Census, 2000.

Les Latinos dans la vie politique

Les Latinos participent de plus en plus directement à la vie politique des États-Unis, et pas uniquement au niveau local. Depuis la présidence de George Bush père (1989-1993), ils sont en effet présents dans le « cabinet ». Les Latinos votent, en majorité, plus volontiers démocrate que républicain. Lors de l'élection de 2000, les démocrates ont reçu 59 % du vote latino, contre 31 % pour les républicains. La tendance s'est confirmée lors de l'élection de 2004, avec le rejet massif de la réélection de Bush. Parallèlement, deux tendances politiques émergent. La première est le néoconservatisme, véhiculé par les classes dirigeantes, qui prône une identité latino confinée à la sphère privée. La seconde, qui regroupe des courants « mouvementistes », défend la publicisation de l'identité latino. La défense de la langue et des traditions est son cheval de bataille, et les luttes locales son registre d'action. Elles ne peuvent toutefois éviter le métissage culturel des nouvelles générations.

"

Le premier monde et le tiers monde se sont pénétrés mutuellement. Les deux Amériques sont enchevêtrées.

GUILLERMO GÓMEZ PEÑA, 1995.

"

LE POIDS DES REMESAS

L'importance grandissante des transferts de fonds

Le mot espagnol *remesas* désigne aujourd'hui en Amérique latine les envois d'argent des émigrés latino-américains vers leur pays d'origine. Les *remesas* ont acquis une importance considérable, non seulement pour assurer la survie de nombreuses familles, mais aussi pour les économies des États. Ainsi, les émigrés salvadoriens aux États-Unis envoient à leurs familles des sommes correspondant à plus de 16 % du produit intérieur brut du pays et à plus de 65 % du total des exportations. Ce phénomène s'accentue au fil des années. En 1990, 790,1 millions de dollars rentraient dans le pays. En 2004, ce montant a augmenté jusqu'à 2547,6 dollars.

Parmi les autres pays recevant des montants importants de *remesas* figurent le Mexique, le Honduras, le Nicaragua, Haïti et la Jamaïque.

Transferts financiers des travailleurs migrants vers leur pays d'origine en 2003 (dollars)

- 13 milliards
- 5 milliards
- 1 milliard
- 100 millions

Transferts annuels supérieurs à 2 milliards de dollars

Source : Banque interaméricaine de développement (2004).

Source : Departemento de Balanza de pagos.

LES REMESAS AU SALVADOR

ÉVOLUTION ANNUELLE DU MONTANT DES *REMESAS*

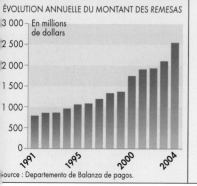

En millions de dollars

L'impact des Latinos dans la société américaine

L'influence latine peut se percevoir dans la sphère religieuse. Les populations latines assurent la survie de l'Église catholique (elles représentent 50 % des pratiquants) et n'hésitent plus à exprimer leur vision souvent conservatrice des grandes questions de société telles que la sexualité ou la conception de la famille.

Au plan culturel, le style latino, vecteur d'intégration, est devenu un produit marketing de grande consommation. Les entreprises n'hésitent plus à utiliser les musiques latino dans leurs campagnes publicitaires. Musiciens et chanteurs latino vendent des millions d'albums et éclipsent la concurrence. La salsa, inventée à New York par des émigrés portoricains, a séduit le monde entier. Hollywood n'a d'yeux que pour les actrices latines comme Jennifer Lopez ou Salma Hayek.

Dans le monde sportif, de nombreuses stars sont d'origine latino. Le base-ball, par exemple, est largement dominé par les Portoricains ou les Vénézuéliens.

EUROPE : AU-DELÀ DE LA FAMILIARITÉ

L'Amérique latine souhaite devenir l'un des trois pôles dans un « triangle atlantique » qui connecterait l'Amérique latine aux États-Unis et à l'Union européenne.
Pour diversifier ses partenaires et pour s'émanciper de l'influence des États-Unis, elle s'est tournée vers l'Europe. Bénéficiant de la proximité culturelle, en particulier avec l'Espagne, les échanges se multiplient, notamment entre universités. L'interdépendance entre les deux blocs est renforcée par la permanence de flux migratoires. Mais cette proximité culturelle ne se traduit pas nécessairement par des échanges économiques. Les accords de libre-échange demeurent limités et la dimension politique des accords prévaut.

> *L'analyse des relations entre l'Amérique latine et l'Union européenne montre que l'Amérique latine est relativement marginale dans les priorités économiques, commerciales et même géopolitiques de l'Europe.*
>
> Mariano Valderrama León, 2004.

Les accords avec l'Union européenne

L'Union européenne a signé des accords d'association économique avec le Mexique (en 1997) et avec le Chili (en 2002). Elle est le second partenaire commercial de l'Amérique latine, mais le premier du Mercosur et du Chili. Néanmoins, le Brésil est seulement le onzième partenaire commercial de l'Union européenne et l'accord avec le Mercosur semble bloqué en 2006. Les accords politiques sont plus importants. Il faut citer le dialogue de San José avec l'Amérique centrale depuis 1984, et le processus de Rio depuis juin 1999. Ce dernier vise à établir un « partenariat stratégique birégional ». Des programmes d'échanges d'étudiants, de développement de la coopération scientifique et de renforcement des liens culturels et historiques ont déjà été mis en place, approfondis par les sommets Union européenne-Amérique latine de Madrid (mai 2002), de Guadalajara (mai 2004) et de Vienne (mai 2006).

LES ACCORDS BILATÉRAUX

1 000 km

Madrid (mai 2002) ○
Vienne (mai 2006) ○

MEXIQUE
Guadalajara mai 2004
BAHAMAS
CUBA
BELIZE
RÉPUBLIQUE DOMINICAINE
HONDURAS
HAÏTI
GUATEMALA
SALVADOR
NICARAGUA
COSTA RICA
VENEZUELA
PANAMÁ
COLOMBIE
ÉQUATEUR
BRÉSIL
PÉROU
BOLIVIE
CHILI
PARAGUAY
Rio de Janeiro juin 1999
ARGENTINE
URUGUAY

Accords en vigueur

1984
Dialogue de San José
Promotion de la pacification, la stabilité politique, la démocratie et l'intégration régionale

1997
Accord d'association
Économique, politique, coopération
Zone de libre-échange en 2000

2002
Accord d'association
Économique, politique

Accords en négociation

Prévu pour 2004, retardé
Accord de libre-échange avec le Mercosur*

Prévu pour 2008
Accord de partenariat économique

En négociation
Accords avec l'Amérique centrale et la CAN*
Politique, économique, coopération : prolongation du dialogue de San José (contrôle de l'immigration, lutte contre le terrorisme)

○ Sommets pour un « partenariat stratégique »

* Mercosur : Marché commun du Sud
CAN : Communauté andine

Sources : Commission européenne, CERCAL

Les échanges universitaires

L'Europe propose plusieurs programmes à l'Amérique latine pour l'enseignement supérieur et la recherche. Dans le cadre du processus de Rio, la déclaration de Paris (2000) exprime la volonté d'accroître les échanges et les rencontres, de développer la coopération dans la recherche scientifique, de faciliter la mobilité des étudiants par un programme de bourses et d'harmoniser les diplômes. En 2002 est lancé le programme ALBAN, qui permet à 3 900 étudiants de venir en Europe, avec un budget de 88 millions d'euros jusqu'en 2010. Le programme ALFA et le Conseil universitaire ibéro-américain organisent la coopération entre 1 100 universités. Erasmus-Mundus est un programme d'échange entre l'Union européenne et le reste du monde. La Commission européenne a créé le programme birégional ALIS pour stimuler l'échange des résultats de la recherche. Les chiffres indiquent une participation croissante dans ces programmes mais 80 % des étudiants latino-américains qui partent étudier à l'étranger vont aux États-Unis.

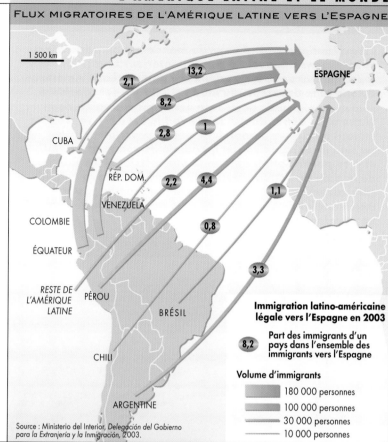

FLUX MIGRATOIRES DE L'AMÉRIQUE LATINE VERS L'ESPAGNE

Source : Ministerio del Interior, *Delegación del Gobierno para la Extranjería y la Inmigración*, 2003.

Immigration latino-américaine légale vers l'Espagne en 2003

8,2 Part des immigrants d'un pays dans l'ensemble des immigrants vers l'Espagne

Volume d'immigrants
- 180 000 personnes
- 100 000 personnes
- 30 000 personnes
- 10 000 personnes

LE COMMERCE

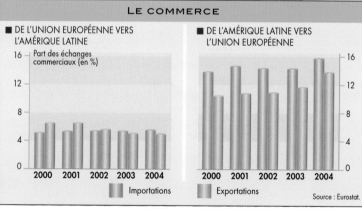

- DE L'UNION EUROPÉENNE VERS L'AMÉRIQUE LATINE
- DE L'AMÉRIQUE LATINE VERS L'UNION EUROPÉENNE

Part des échanges commerciaux (en %)

Importations   Exportations

Source : Eurostat.

La dimension politique du dialogue de San José

Le dialogue de San José est l'accord le plus ancien que l'Europe entretient avec l'Amérique latine. Inauguré en 1984, il instaure une coopération avec l'Amérique centrale visant à promouvoir la pacification, la stabilité politique, la démocratie, le respect des droits de l'homme et l'intégration régionale. On peut considérer que San José a connu un grand succès. L'élargissement de la Communauté européenne à l'Espagne et au Portugal en 1986 a accéléré cette dynamique. L'Espagne veut jouer un rôle de pont entre les deux continents, comme en témoigne la multiplication de conférences ibéro-américaines. La signature de l'accord de dialogue politique et de coopération en décembre 2003 à Rome élargit le champ d'action du dialogue de San José aux réformes institutionnelles et de sécurité, et à la lutte contre la criminalité. Le dialogue de San José est un exemple de coopération politique durable et efficace entre l'Union européenne et la zone Amérique centrale.

LISTE DES PROGRAMMES UNIVERSITAIRES

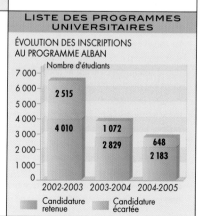

ÉVOLUTION DES INSCRIPTIONS AU PROGRAMME ALBAN

Nombre d'étudiants

Candidature retenue   Candidature écartée

LE BRÉSIL : PUISSANCE RÉGIONALE

Cinquième plus grand pays du monde par sa population et sa dimension, avec un produit intérieur brut (PIB) représentant environ les deux tiers de celui de l'Amérique du Sud et le douzième du monde, le Brésil est considéré comme une grande puissance économique régionale et globale. Le début du XXIᵉ siècle voit le Brésil se consolider en tant qu'acteur mondial, en partie grâce à son rôle au sein de l'Organisation mondiale du commerce (OMC) et à sa participation constante aux missions de maintien de la paix de l'ONU. Leader du Marché commun du Sud (Mercosur), le Brésil a pris la tête d'un combat pour une mondialisation plus conforme aux intérêts des pays en développement.

EXPORTATIONS BRÉSILIENNES DANS LE MONDE

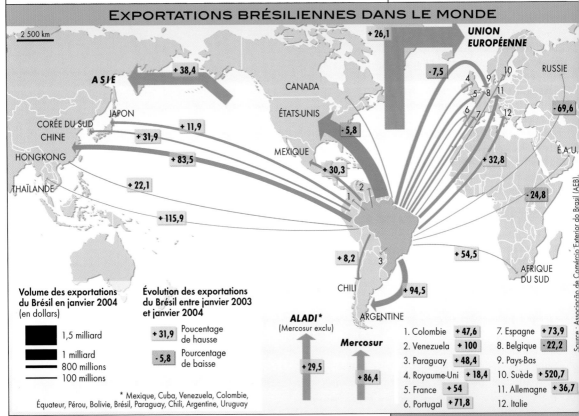

2 500 km

+ 26,1 — UNION EUROPÉENNE

ASIE + 38,4

-7,5

RUSSIE

CANADA

JAPON + 11,9

CORÉE DU SUD

CHINE + 31,9

ÉTATS-UNIS -5,8

HONGKONG + 83,5

MEXIQUE

+ 30,3

THAÏLANDE + 22,1

+ 115,9

É.A.U.

+ 32,8

- 69,6

- 24,8

+ 8,2

+ 54,5

CHILI

AFRIQUE DU SUD

ALADI* (Mercosur exclu)

+ 94,5

ARGENTINE

Mercosur

Volume des exportations du Brésil en janvier 2004 (en dollars)

- 1,5 milliard
- 1 milliard
- 800 millions
- 100 millions

Évolution des exportations du Brésil entre janvier 2003 et janvier 2004

| +31,9 | Poucentage de hausse |
| -5,8 | Pourcentage de baisse |

+ 29,5

+ 86,4

* Mexique, Cuba, Venezuela, Colombie, Équateur, Pérou, Bolivie, Brésil, Paraguay, Chili, Argentine, Uruguay

1. Colombie + 47,6
2. Venezuela + 100
3. Paraguay + 48,4
4. Royaume-Uni + 18,4
5. France + 54
6. Portugal + 71,8
7. Espagne + 73,9
8. Belgique - 22,2
9. Pays-Bas
10. Suède + 520,7
11. Allemagne + 36,7
12. Italie

Source : Associação de Comércio Exterior do Brasil (AEB).

Puissance régionale, *global trader*

Le Brésil peut être défini comme un *global trader* en raison de la diversification de son commerce extérieur. Le pays s'est rapidement ouvert depuis les années 1990, la part du commerce extérieur dans le PIB passant de 13 % à 25 % entre 1998 et 2003. Le principal produit d'exportation du pays, le minerai de fer, compte pour moins de 8 % du total des exportations. Le Brésil exporte par ailleurs à parts égales vers l'Amérique latine, les États-Unis et l'Europe, et se tourne de plus en plus vers l'Asie. Chaque région du monde semble se spécialiser dans l'achat de certains produits brésiliens. Ainsi, l'Union européenne a augmenté ses achats de produits de base. Les États-Unis importent principalement des chaussures, l'Asie et l'Europe orientale surtout de l'huile de soja, du sucre, de même que des oranges, du fer et de l'acier. Dans le Mercosur, les ventes de voitures sont dominantes. Le Brésil exporte à présent essentiellement des produits manufacturés et ne dépend plus de ses matières premières.

DES EXPORTATIONS DIVERSIFIÉES

En %

Autres produits 65

7,6

4

2,4 2,5 2,6 2,6 2,7 3,3 3,4 3,9

- Minerai de fer
- Pétrole
- Soja
- Automobiles
- Bois
- Poulet
- Avions
- Fer ou acier
- Produits finis à base de fer ou d'acier
- Chaussures

Source : AFR

BRÉSIL CONTRE ÉTATS-UNIS À L'OMC

PLAINTES DU BRÉSIL CONTRE LES ÉTATS-UNIS

Avril 1995 Normes concernant l'essence **V**

Janvier 2001 Code des brevets des États-Unis **E**

Septembre 2001 Droits antidumping sur le silicium métal en provenance du Brésil **E**

Mai 2002 Mesures de sauvegarde définitives à l'importation de certains produits en acier **V**

Mars 2002 Protection des producteurs d'oranges et de pamplemousses de Floride **R**

Septembre 2002 Subventions concernant le coton **V**

V Victoire **E** En cours **R** Retrait (accord mutuel)

Source : OMC.

Le Brésil dans l'OMC

Au sein de l'Organisation mondiale du commerce (OMC), le Brésil cherche à contraindre les pays riches, notamment les États-Unis et l'Union européenne, à démanteler leur dispositif protectionniste dans le domaine agricole. En vue de la réunion de l'OMC à Cancún en 2003, le Brésil, avec l'Inde, prend la tête du Groupe des 20 (G20), qui réunit des pays en développement partageant ces préoccupations. Leur activisme se manifeste par le blocage des négociations au sein de l'OMC, notamment lors de la conférence de Hongkong en décembre 2005.

Le Brésil prend d'autres initiatives visant à consolider un axe Sud-Sud dans le cadre de la mondialisation. Le Brésil défend aussi ses intérêts propres, en gagnant de nombreux litiges, contre les cotonniers nord-américains en 2005, par exemple. Ces positions sont toutefois controversées au Brésil, certains secteurs liés aux mouvements sociaux estimant que le gouvernement de Lula, du Parti des travailleurs (PT), défend les intérêts de l'agrobusiness plutôt que ceux des petits agriculteurs.

Le Brésil et l'ONU

Membre fondateur de l'ONU, le Brésil a toujours revendiqué un siège permanent au Conseil de sécurité. Pour appuyer sa demande, il assume des responsabilités. L'armée brésilienne intègre les forces internationales pour la paix dès les années 1950-1960. Les missions, peu nombreuses jusqu'en 1989, se multiplient avec la campagne au Mozambique (1994), en Angola (1995) puis, à partir de 1999, au Timor-Oriental. L'armée brésilienne envoie des observateurs en Afrique, en Amérique centrale, en Europe et en Asie. La participation brésilienne aux missions de maintien de la paix confère un certain prestige à la politique extérieure du pays. Le 19 août 2003, le diplomate Vieira de Mello, représentant de l'ONU en Irak, meurt victime d'un attentat contre le siège de l'ONU à Bagdad. Depuis le 1er juin 2004, le Brésil assure le commandement militaire de la mission de paix en Haïti (Munistah) et a contribué à l'organisation des élections présidentielles du 7 février 2006.

LE BRÉSIL À L'ONU

MISSIONS DE PAIX EN COURS

Depuis 1991
MARMINCA - Mission de déminage de l'Amérique centrale

Depuis 1995
MARMINAS - Mission de déminage de l'Amérique du Sud (Équateur/Pérou)
UNOGBIS - Mission en Guinée-Bissau
UNFICYP - Force d'interposition à Chypre

Depuis 2003
ONUCI - Mission en Côte d'Ivoire
UNMIL - Mission au Liberia

Depuis 2004
MINUSTAH - Mission de stabilisation à Haïti
UNMIS - Mission au Soudan

LE BRÉSIL, ACTEUR MAJEUR DU MERCOSUR

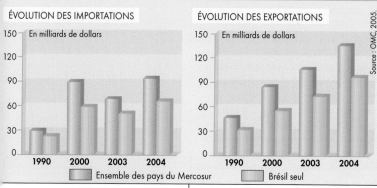

ÉVOLUTION DES IMPORTATIONS — En milliards de dollars
ÉVOLUTION DES EXPORTATIONS — En milliards de dollars
Source : OMC, 2005.

■ Ensemble des pays du Mercosur ■ Brésil seul

Histoire diplomatique

Au lendemain de l'indépendance, le Brésil a pratiquement ses frontières actuelles, définies par des traités coloniaux du XVIIe siècle. Les derniers litiges frontaliers sont réglés par le baron de Rio Branco dans les années 1893-1900.

Au XXe siècle, l'immensité du territoire et l'ampleur des problèmes sociaux ont conduit les gouvernements à mettre la diplomatie au service du développement. L'expérience du pays sur la scène mondiale est globalement décevante. Ainsi le Brésil devient membre du Conseil de la Société des Nations jusqu'en 1926, puis participe en 1945 à la conférence de San Francisco fondatrice de l'ONU, sanctionnant son soutien aux États-Unis. Dans les années 1960, le régime militaire se rapproche des États-Unis et contribue à la politique répressive de la guerre froide. Avec le retour à la démocratie, le Brésil favorise l'intégration régionale (Mercosur) et diversifie sa diplomatie.

« Le Brésil est sans aucun doute destiné à être un facteur des plus importants dans le développement ultérieur de notre monde.

STEFAN ZWEIG, 1941.

Conclusion

L'AMÉRIQUE LATINE EST, CETTE FOIS, BIEN PARTIE

En 1954, l'ouvrage de Tibor Mende, *L'Amérique latine entre en scène*, témoignait d'un certain optimisme, qui contrastait avec la vision sombre que René Dumont développa quelques années plus tard à propos de l'Afrique (*L'Afrique est mal partie*, 1960).

Et pourtant, de l'Argentine, eldorado pour les migrants du début du XXe siècle, promise à un avenir prospère au même titre que l'Australie, jusqu'au Brésil voisin, éternel « pays du futur », les désillusions semblent consubstantielles à l'histoire du continent. Aujourd'hui encore, les contrastes sont saisissants entre l'Amérique latine moderne, prospère, pleinement intégrée à la mondialisation, et l'Amérique latine peinant à sortir de la misère et de l'exclusion. Une partie du continent – quelques pays ou régions ou des quartiers de grandes villes – souffre encore de sous-développement, tandis qu'une autre goûte aux avantages – et inconvénients – du monde développé. L'Amérique latine « attardée » se caractérise par les taux de mobilisation les plus élevés et une instabilité politique chronique, traduisant une désespérance face aux inégalités ou la spoliation des ressources naturelles. L'Amérique latine « gagnante » attire les investisseurs, captive les altermondialistes et séduit les responsables politiques du monde.

Toutefois, le regard que l'on porte aujourd'hui sur l'Amérique latine ne doit pas être biaisé. Il est très difficile à la région de sortir du sous-développement et d'éviter les dysfonctionnements qui caractérisent le système capitaliste à l'échelle mondiale. Il lui est fort difficile aussi de rompre avec des siècles de pratiques sociales inégalitaires et de mépris pour les cultures indiennes. Il ne lui est enfin guère aisé de s'affirmer sur la scène internationale alors qu'elle conserve des traits de dépendance économique. Et le diagnostic porté sur le continent est parfois d'autant plus sévère que les critères d'évaluation ont, salutairement, évolué. L'insistance sur le développement humain et durable ou sur la sécurité humaine conduit à s'écarter d'une mesure étroitement économique du bien-être, pour prendre en considération les opportunités individuelles de progrès. Jugé à cette aune, le développement de l'Amérique latine n'est guère digne d'éloges.

Mais qu'on ne s'y trompe pas. Ce début de XXIe siècle marque une authentique rupture. Pour la première fois en deux cents ans d'histoire, l'Amérique latine se caractérise par une communauté de valeurs et de pratiques démocratiques. En dépit des doutes et déceptions qu'elle génère, de l'instabilité qui la frappe parfois et des dérives populistes qui la menacent toujours, la démocratie fonctionne en Amérique latine depuis deux ou trois décennies et le multiculturalisme est en progrès. Les nouvelles générations ont appris à se respecter et à faire arbitrer leurs différends politiques par le suffrage. Même les mouvements sociaux les plus radicaux, y compris indiens, parviennent au pouvoir par la voie des élections. La démocratie est le bien public le plus précieux dont l'Amérique latine s'est dotée. Aucun autre régime politique n'est en mesure d'apporter des progrès sociaux durables.

L'Amérique latine est, cette fois, bien partie.

LES ÉTATS D'AMÉRIQUE LATINE

PAYS	CAPITALE	POPULATION	SUPERFICIE	IDH RANG MONDIAL	PIB PAR HABITANT (EN $)	POPULATION* SOUS LE SEUIL DE PAUVRETÉ (%)
AMÉRIQUE CENTRALE						
BELIZE	Belmopan	270 000	22 960 km²	91	7 339	–
COSTA RICA	San José	4 330 000	51 000 km²	47	9 887	20,3
GUATEMALA	Guatemala	12 600 000	108 890 km²	117	4 009	60,2
HONDURAS	Tegucigalpa	7 205 000	112 090 km²	116	2 682	77,3
MEXIQUE	Mexico	107 029 000	1 958 200 km²	53	9 666	39,4
NICARAGUA	Managua	5 490 000	130 000 km²	112	2 677	69,3
PANAMÁ	Panamá	3 230 000	75 520 km²	56	6 997	34
SALVADOR	San Salvador	6 880 000	21 040 km²	104	4 379	48,9
ZONE CARIBÉENNE						
BAHAMAS	Nassau	323 000	13 880 km²	50	18 228	–
CAYMAN	George Town	45 000	262 km²	–	32 300	–
CUBA	La Havane	11 270 000	110 860 km²	52	3 000	–
HAÏTI	Port-au-Prince	8 530 000	27 750 km²	153	1 556	–
JAMAÏQUE	Kingston	2 650 000	10 990 km²	98	4 327	–
PORTO RICO	San Juan	3 900 000	9 104 km²	–	17 700	–
RÉP. DOMINICAINE	Saint-Domingue	8 895 000	49 745 km²	95	6 761	44,9
AMÉRIQUE DU SUD						
ARGENTINE	Buenos Aires	38 750 000	2 780 400 km²	34	12 468	45,4**
BRÉSIL	Brasília	186 405 000	8 547 400 km²	63	8 328	37,5
CHILI	Santiago du Chili	16 295 000	756 630 km²	37	10 869	18,8
BOLIVIE	Sucre	9 180 000	1098 580 km²	113	2 902	62,4
COLOMBIE	Bogotá	45 600 000	1 138 910 km²	69	6 959	51,1
ÉQUATEUR	Quito	13 230 000	283 580 km²	82	3 819	49**
GUYANA	Georgetown	751 000	214 917 km²	107	4 579	–
GUYANE FRANÇAISE	Cayenne	195 500	91 000 km²	–	13 764	–
PARAGUAY	Asunción	6 158 000	406 750 km²	88	4 553	61
PÉROU	Lima	27 970 000	1 285 220 km²	79	5 298	54,8
SURINAM	Paramaribo	449 000	163 270 km²	86	5 818	–
URUGUAY	Montevideo	3 460 000	176 220 km²	46	9 107	15,4**
VENEZUELA	Caracas	26 749 000	910 050 km²	75	5 571	48,6

* En 2002 (CEPAL). ** En zone urbaine.

LE MILIEU NATUREL

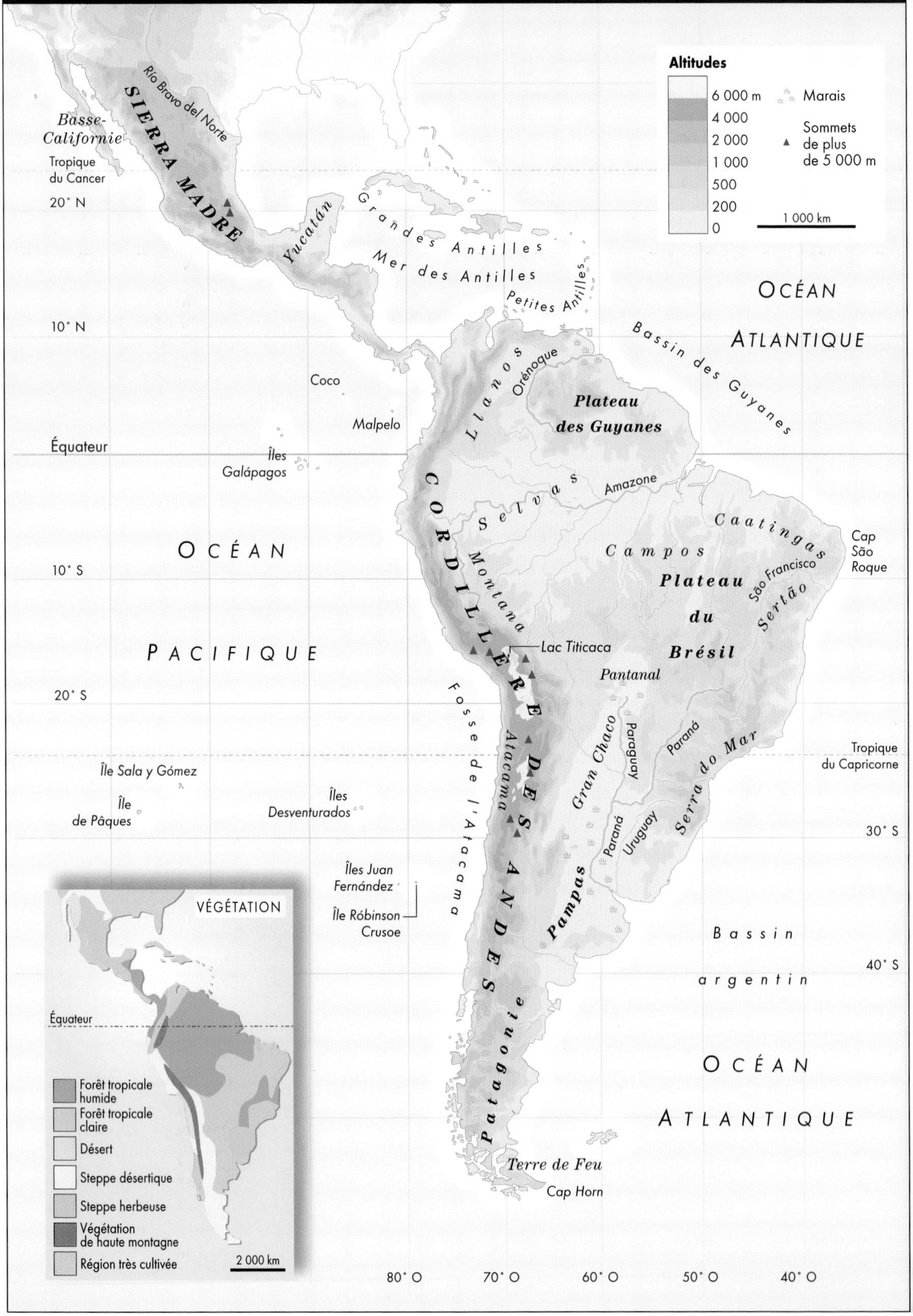

Altitudes

6 000 m
4 000
2 000
1 000
500
200
0

Marais

Sommets de plus de 5 000 m

1 000 km

Basse-Californie

Tropique du Cancer

20° N

Rio Bravo del Norte

SIERRA MADRE

Yucatán

Grandes Antilles

Mer des Antilles

Petites Antilles

10° N

Coco

Malpelo

Équateur

Îles Galápagos

10° S

OCÉAN

PACIFIQUE

20° S

Île Sala y Gómez

Île de Pâques

Îles Desventurados

Îles Juan Fernández

Île Róbinson Crusoe

Llanos

Orénoque

OCÉAN

ATLANTIQUE

Bassin des Guyanes

Plateau des Guyanes

Selvas

Amazone

Caatingas

Campos

Plateau du Brésil

São Francisco

Sertão

Cap São Roque

CORDILLÈRE DES ANDES

Montana

Lac Titicaca

Pantanal

Fosse de l'Atacama

Atacama

Gran Chaco

Paraguay

Paraná

Serra do Mar

Pampas

Paraná

Uruguay

Tropique du Capricorne

30° S

Bassin argentin

40° S

OCÉAN

ATLANTIQUE

Patagonie

Terre de Feu

Cap Horn

80° O   70° O   60° O   50° O   40° O

VÉGÉTATION

Équateur

Forêt tropicale humide

Forêt tropicale claire

Désert

Steppe désertique

Steppe herbeuse

Végétation de haute montagne

Région très cultivée

2 000 km

CARTE POLITIQUE

ÉTATS-UNIS

PORTO RICO
San Juan
Îles vierges (É.-U.)
ANTIGUA ET BARBUDA
ST-CHRISTOPHE
Montserrat (R.-U.)
Guadeloupe (Fr.)
DOMINIQUE
Martinique (Fr.)
STE-LUCIE
GRENADE
LA BARBADE
ST-VINCENT
TRINITÉ-ET-TOBAGO
250 km

MEXIQUE
Monterrey
Guadalajara
Mexico
Puebla
La Havane
BAHAMAS
Nassau
CUBA
Port-au-Prince
RÉPUBLIQUE DOMINICAINE
Saint-Domingue
HAÏTI
Coco (Costa Rica)
Malpelo (Colombie)
Caracas
VENEZUELA
GUYANA
Georgetown
SURINAM
Paramaribo
Guyane française
Medellín
Cali
Bogotá
COLOMBIE
Quito
ÉQUATEUR
Îles Galápagos (Equateur)
PÉROU
BRÉSIL
Fortaleza
Recife
Salvador
Lima
BOLIVIE
La Paz
Sucre
Brasília
Belo Horizonte
Rio de Janeiro
Île Sala y Gómez (Chili)
Îles Desventurados (Chili)
PARAGUAY
Asuncion
São Paulo
Cutitiba
CHILI
Porto Alegre
Île de Pâques (Chili)
Îles Juan Fernández (Chili)
ARGENTINE
URUGUAY
Santiago
Montevideo
Buenos Aires

1 000 km

JAMAÏQUE
BELIZE
GUATEMALA
Belmopan
Kingston
Guatemala
HONDURAS
San Salvador
Tegucigalpa
SALVADOR
NICARAGUA
Managua
San José
COSTA RICA
Panamá
PANAMÁ
500 km

Population des agglomérations

- ● ○ Plus de 20 millions d'hab.
- ● ○ Plus de 8 millions d'hab.
- ● ○ Plus de 2,5 millions d'hab.
- ● ○ Moins de 2,5 millions d'hab.
- ● Capitale politique

VERÓNICA MICHELLE BACHELET JERIA (1951)
40-41

Femme politique chilienne de sensibilité socialiste, ministre de la Santé puis ministre de la Défense dans les gouvernements de Ricargo Lagos, elle gagne l'élection présidentielle, le 15 janvier 2006, avec 53,5 % des voix et marque une victoire historique car elle est la première femme présidente élue au suffrage universel direct en Amérique du Sud.

LEONARDO BOFF (1938)
44-45

Figure emblématique de la théologie de la libération, Brésilien, il centre ses discours sur la misère et la marginalisation. En 1984, il est convoqué au Vatican pour justifier les arguments de son livre *Église, charisme et pouvoir*, dans lequel il critique l'autoritarisme de Rome et accuse l'Église de ne pas défendre réellement les plus pauvres. Il est condamné à douze mois de silence pénitentiel. En 1992, il renonce à ses activités sacerdotales face à de nouvelles menaces de punition de la part du Vatican.

SIMÓN BOLÍVAR (1783-1830)
8-9, 58-59

Fils d'une noble famille basque installée en Amérique depuis le XVIᵉ siècle, il est né à Caracas (Venezuela) et mort en Colombie. Très jeune, il s'engage en politique et effectue de nombreux voyages en Europe, où il assiste notamment à la proclamation de Napoléon comme empereur. Il devient un des plus grands généraux et dirigeants politiques qu'ait connus le continent sud-américain. Dès 1813, il devient le chef des guerres d'indépendance des colonies espagnoles d'Amérique du Sud. Il livre les plus importantes batailles de libération du continent sud-américain, aux côtés d'autres libérateurs tels que San Martín et José de Sucre.

FIDEL CASTRO (1926) *14-15*

Leader de la révolution cubaine, il s'empare du pouvoir en 1959 et instaure un régime autoritaire, qui bénéficie du soutien de l'URSS pendant la guerre froide. Président du Conseil d'État et du Conseil des ministres, premier secrétaire du Parti communiste cubain et commandant en chef des forces armées, il défend un modèle de société que combattent les États-Unis.

HUGO CHÁVEZ (1954)
14-15, 40-41, 48-49, 58-59

Après une tentative avortée de coup d'État en 1992, Hugo Rafael Chávez Frías fonde le Mouvement pour la Vᵉ République et gagne les élections présidentielles du Venezuela en 1998, puis de nouveau en 2000. Il est le chef de file de la « révolution bolivarienne » et le leader du renouveau de la gauche radicale en Amérique latine. Rejetant le consensus de Washington et critiquant « l'impérialisme néolibéral » des États-Unis, Chávez s'est rapproché de Fidel Castro, ce qui lui vaut d'être un personnage controversé.

CHRISTOPHE COLOMB (1451-1506)
6-7, 38-39

Navigateur, marchand et vice-roi des Indes nommé par la reine Isabelle de Castille, ce personnage fut le premier Européen de l'histoire moderne à traverser l'océan Atlantique. Lors de son premier voyage, il découvre une route entre l'Europe et le « nouveau monde » qu'il pense être l'Inde. Il effectue son premier voyage en 1492, après avoir obtenu l'autorisation de la couronne espagnole. Ses voyages marquent le début de la colonisation de l'Amérique par les Européens.

HERNÁN CORTÉS (1485-1547)
8-9

Après avoir échoué dans ses études de droit à Salamanque, il décide de partir dans les colonies de la Nouvelle-Espagne. *Conquistador* espagnol, né à Medellín, en Estrémadure, il est reconnu pour avoir conquis le Mexique et le peuple aztèque, au nom de la couronne d'Espagne.

PORFIRIO DÍAZ (1830-1915)
14-15

Général et homme d'État mexicain. Il s'empare du pouvoir en 1876 et établit un régime dictatorial, qu'il dirige pendant trente-cinq ans. Pendant son gouvernement, le Mexique se trouve dans une ère de paix civile et de développement économique. Après avoir été renversé en 1911 par la révolution dirigée par Madero, il s'exile.

ERNESTO « CHE » GUEVARA (1928-1967)
14-15

Médecin, homme politique et révolutionnaire argentin, nommé par Fidel Castro en 1959 « citoyen cubain de naissance ». Il s'unit en 1954 à la révolution cubaine conduite par Fidel Castro, persuadé que la révolution est la seule façon de rétablir les droits des peuples latino-américains. Arrêté alors qu'il essaie de constituer un mouvement de guérilla en Bolivie, il meurt exécuté.

LUÍS INACIO LULA DA SILVA (1945)
40-41

Surnommé « Lula », cet ancien dirigeant syndical brésilien fonde, le 10 février 1980, le Parti des travailleurs (PT), avec des syndicalistes, des intellectuels et des représentants de mouvements sociaux. Le 27 octobre 2002, avec 53 millions de votes, Lula est élu président. Après sa prise de fonctions, son gouvernement met en œuvre une série de transformations structurelles, le « pacte social ».

RIGOBERTA MENCHÚ TUM (1959)
38-39

Dirigeante indienne guatémaltèque. Après la mort de son père, tué au cours d'un assaut policier contre l'ambassade d'Espagne, et celle de sa mère à la suite de tortures de groupes paramilitaires, Rigoberta Menchú s'exile à Mexico en 1981 et consacre sa vie à la revendication des droits des peuples indiens et métis. Ambassadeur de bonne volonté auprès de l'Unesco, elle reçoit le prix Nobel de la paix en 1992.

JUAN EVO MORALES (1959) ,
38-39, 40-41, 54-55
Descendant d'une famille d'Aymaras
en Bolivie, Morales cultive la feuille de coca
pour échapper à la précarité. À partir de 1983,
il s'engage dans l'action syndicale et devient
président du syndicat des *cocaleros*. En 1997,
il est élu député puis, en 2002, il prend en main
le Mouvement vers le socialisme (MAS). En
2005, Morales déjoue les sondages politiques
et gagne les élections présidentielles.

PEDRO II (1825-1891)
10-11
Empereur du Brésil de 1831 à 1889 qui, après
l'abdication de son père, devient le second
empereur du Brésil. Monarque modéré
et érudit, il assure la paix et l'unité de son
pays. Son règne est marqué par un important
essor économique ; le régime évolue
vers une maturité politique et culturelle.
Il est renversé par un coup d'État militaire
dirigé par le maréchal da Fonseca.

JUAN DOMINGO PERÓN (1895-1974)
48-49
Incarnation du populisme en Amérique
latine, l'argentin Perón est d'abord nommé
ministre du Travail, avant d'être élu président
argentin en 1946, puis de nouveau en 1951.
Il prend la défense des pauvres et mène
une politique nationaliste. Fondateur
du Movimiento Nacional Justicialista,
qui joue toujours un rôle important,
il revient au pouvoir en 1973. Son épouse
charismatique, Isabel Perón, lui succède
à sa mort, mais elle est renversée en 1976.

AUGUSTO PINOCHET (1915)
42,43
Auteur le 11 septembre 1973 du coup d'État
qui met un terme à l'expérience socialiste
de Salvador Allende, le Chilien Pinochet met
en place une dictature violente et néolibérale
qui dure jusqu'en 1990. Accusé de violations
des droits de l'homme et de corruption,
il parvient à éviter toute condamnation
par la justice.

FRANCISCO PIZARRO (1475-1541)
8-9
Conquistador espagnol, né vers 1475
ou 1478 à Trujillo, en Espagne, et mort
à Lima, capitale du Pérou. Fils naturel,
analphabète, du navigateur Gonzalo Pizarro,
il s'engage dans l'armée avec son père
et fait la campagne d'Italie, puis arrive
en Amérique latine en 1502. Il est l'un
des plus fameux *conquistadores* venus
d'Espagne, parce qu'il soumet l'Empire inca
et conquiert le Pérou.

JUAN MANUEL DE ROSAS (1793-1877)
10-11
Homme politique et militaire argentin,
riche *caudillo*, bénéficiant de larges soutiens
populaires, il s'impose tout d'abord comme
gouverneur de la province de Buenos Aires
et dirige ensuite l'Argentine de 1835 à 1852.
Il est alors renversé par un groupe
révolutionnaire conduit par le général Justo
Urquiza, aidé par l'Uruguay et le Brésil.

**JOSÉ FRANCISCO
DE SAN MARTÍN (1778-1850)**
8-9
Né dans une province de l'ancienne
vice-royauté du Río de la Plata, ce militaire
argentin s'engage dans la lutte pour
l'indépendance de l'Argentine, du Chili
et du Pérou. Comme Simón Bolívar, il est
considéré comme un des grands libérateurs
de l'Amérique du Sud. En Argentine,
il est reconnu comme « le père de la patrie »
et considéré comme un héros national.

**SOUS-COMMANDANT MARCOS
(1957)**
20-21
Le sous-commandant Marcos est le principal
dirigeant de l'Armée zapatiste de libération
nationale (EZLN), groupe révolutionnaire
mexicain de la zone du Chiapas. Ancien
professeur d'université, il doit sa renommée
mondiale à l'originalité de sa révolte
lancée en 1994 et à son talent littéraire.
Sa position politique a varié du marxisme

à l'altermondialisme, sans pour autant qu'il
dépose les armes. En 2006, il fait campagne
contre les élections mexicaines.

JOSÉ DE SUCRE (1795-1830)
8-9
Connu comme le « maréchal d'Ayacucho »,
il est nommé colonel par Simón Bolívar.
En 1821, il lutte pour l'indépendance
des provinces en Équateur. En 1824,
il participe à la bataille de Junín et gagne,
aux côtés de Simón Bolívar, la bataille
d'Ayacucho, où il reçoit le titre de « grand
maréchal d'Ayacucho » et assure
l'indépendance des colonies espagnoles
de l'Amérique du Sud. Élu président de la
Bolivie en 1826, il démissionne deux années
plus tard pour se présenter aux élections
en Colombie. Il est élu mais assassiné peu
de temps après à Berruecos, en Colombie.

GETÚLIO VARGAS (1883-1954)
48-49
Élu président du Brésil par l'Assemblée
constituante en 1934, Getúlio Vargas reste
au pouvoir jusqu'en 1945. Connu pour son
nationalisme, il installe un État autoritaire
et corporatiste, l'Estado Novo. En 1950,
il revient à la présidence. À la suite de crises
internes, ne voulant ni renoncer ni être
démis, il choisit de se suicider en 1954.

CAETANO VELOSO (1942)
46-47
Musicien considéré comme l'une des plus
grandes figures de la musique populaire
brésilienne. Avec Gilberto Gil, ils deviennent
les leaders du mouvement tropicaliste,
qui mélange des rythmes régionaux
avec la guitare électrique et se caractérise
par son engagement politique.
En 1969, après avoir été emprisonné
par la dictature militaire, il part en exil
à Londres et ne revient au Brésil qu'en 1972.

Définitions

Agrobusiness

Industrie agroalimentaire qui combine l'utilisation de techniques modernes de production (mécanisation, engrais, OGM, etc.) et de distribution. Elle concerne généralement des productions destinées à l'exportation.

Assentamentos • Asentamientos

Campements provisoires à la suite d'une invasion de terres. Les installations peuvent être institutionnalisées.

Caudillos

Chefs politiques et militaires aux méthodes autoritaires, ils comblent le vide laissé par l'administration coloniale au moment des indépendances. Forts de soutiens dans les campagnes, ils participent aux guerres accompagnant la construction des nations.

Cocaleros

Paysans cultivateurs de feuilles de coca organisés en syndicats, luttant pour la dépénalisation de leur production, principalement au Pérou et en Bolivie. Evo Morales représente ce mouvement à la tête de son pays, la Bolivie.

Consensus de Washington

Stratégie libérale de développement recommandée par les institutions financières internationales et par les États-Unis (1989) pour l'Amérique latine afin d'assurer la stabilité macroéconomique, la croissance et l'insertion dans le commerce international.

Couloir biocéanique

Axes de communication multimodaux (routier, fluvial, ferroviaire) et ensemble d'infrastructures (aéroports, ports, pôles industriels) permettant de connecter l'océan Atlantique à l'océan Pacifique, pour développer les échanges commerciaux.

Crise désintermédiée

Crise caractéristique des années 1990, dans laquelle les gouvernements latino-américains n'ont pas d'intermédiaire avec qui négocier. Dans ce type de crise, l'emprunteur doit payer directement aux prêteurs, les rééchelonnements et les renégociations ne sont pas envisageables.

Écotourisme

Forme de tourisme en rapide développement en Amérique latine. Selon l'International Ecotourism Society, « l'écotourisme est une visite responsable dans des environnements naturels où les ressources et le bien-être des populations sont préservés ».

El Niño

Réchauffement des eaux du Pacifique près de l'équateur. El Niño est responsable de dérèglements climatiques dramatiques pour l'environnement (pluies diluviennes, sécheresses intenses) qui affectent périodiquement l'Amérique latine.

Encomienda

Institution qui prévoyait, au temps de la colonisation espagnole de l'Amérique latine, qu'une personne (normalement un propriétaire terrien) bénéficie des travaux gratuits d'un groupe d'indigènes à la condition de les alphabétiser, de les nourrir et de les protéger.

Hacienda

Propriété de grande extension, normalement utilisée pour des activités agricoles diverses. L'hacienda est une forme d'organisation économique et sociale caractéristique de l'époque coloniale en Amérique latine.

Indigénisme

Courant d'opinion ou courant artistique favorable aux Indiens, qui se traduit par des prises de position ou des œuvres tendant à protéger la population indigène, à la défendre contre les injustices dont elle est victime et à faire valoir ses intérêts.

Industrialisation par substitution d'importations (ISI)

Modèle de développement protectionniste, consistant à promouvoir une production industrielle locale destinée à remplacer les produits importés.

Latifundia

Exploitations agricoles de vastes dimensions, caractérisées par une utilisation inefficace des ressources disponibles. Ces terres appartiennent à une seule personne, le latifundiste.

Maquiladora

Usine de sous-traitance étrangère. Ces usines sont des installations d'assemblage pour monter des produits finis destinés à l'exportation. Elles emploient généralement des femmes et sont surtout situées sur la frontière américano-mexicaine.

Maras

Gangs de jeunes issus de familles défavorisées. Créées en 1997 à Los Angeles par des exilés salvadoriens, les deux principales bandes actuelles, qui ont des « filiales » dans toutes les grandes villes d'Amérique centrale, sont la Mara Salvatrucha et la Mara 18.

Piqueteros

Mouvement politique qui a mis en place en Argentine des actions de désobéissance et de résistance (en faisant le « piquet » pour couper des routes) et des pratiques politiques fondées sur la démocratie directe, sur l'autogestion et l'autonomie.

Plan Brady

Du nom du secrétaire d'État américain sous le mandat du président George Bush (1988-1992). Plan de refinancement lancé en 1989, destiné à alléger la dette des pays latino-américains.

Plan Colombie

« Plan pour la paix, la prospérité et le renforcement de l'État ». Plan militaire américano-colombien conçu pour éradiquer le trafic de drogue et les guérillas, et consolider les réformes économiques néolibérales. Mis en œuvre en 2000, il n'a pas produit les effets escomptés.

Politiques multiculturelles

Mesures de politique sociale et économique diverses visant à permettre l'épanouissement d'identités multiples, à favoriser les libertés culturelles, souvent par l'éducation.

Processus de Rio

Dialogue entre l'Union européenne, l'Amérique latine et les Caraïbes commencé à Rio de Janeiro en juin 1999 pour renforcer les relations birégionales et développer une association dans des secteurs stratégiques.

Sentier lumineux

La guérilla péruvienne, d'inspiration maoïste, est créée par Abimael Guzmán Reynoso, à l'issue d'une scission du Parti communiste. Ses membres sont des Indiens sans terre et des étudiants paysans. Ils comptent s'emparer du pouvoir par la lutte armée et réalisent ainsi des actions violentes et des attentats. Leur chef symbolique est arrêté en 1992. Cependant, ses partisans agissent toujours clandestinement.

Tupac Amaru

La guérilla Movimiento Revolucionario Tupac Amaru est créée en 1983 au Pérou. La gauche révolutionnaire et le parti socialiste révolutionnaire marxiste-léniniste fusionnent au sein du MRTA. Après l'arrestation de son chef en 1992, le MRTA prend d'assaut la résidence de l'ambassadeur du Japon à Lima en 1996. Son nom fait référence au cacique Tupac Amaru, descendant des Incas et leader d'une grande révolution indienne contre le pouvoir espagnol à l'époque coloniale.

BIBLIOGRAPHIE

BETHELL Leslie (sous la direction de), *The Cambridge History of Latin America* (12 volumes), Cambridge University Press, 1986.

BLANQUER Jean-Michel, ZAGEFKA Polymnia (sous la direction de), *Amérique latine 2005*, IHEAL, La Documentation française, 2005.

BULMER-THOMAS Victor, KNIGHT Alan (sous la direction de), *The Economic History of Latin America since Independence*, Cambridge University Press, 2003.

CHEVALIER François, *L'Amérique latine de l'indépendance à nos jours*, PUF, 1977.

COUFFIGNAL Georges (sous la direction de), *Réinventer la démocratie. Le défi latino-américain*, Presses de la FNSP, 1992.

DABÈNE Olivier, *Amérique latine. La démocratie dégradée*, Complexe, 1997.

DABÈNE Olivier, *La Région Amérique latine. Interdépendance et changement politique*, Presses de Sciences Po, 1997.

DABÈNE Olivier, *L'Amérique latine à l'époque contemporaine*, Armand Colin, 2005.

FRANCO Jean, LEMOGODEUX Jean-Marie, *Anthologie de la littérature hispano-américaine du XXᵉ siècle*, PUF, 1993.

ROUQUIÉ Alain, *Amérique latine. Introduction à l'extrême Occident*, Le Seuil, 1987.

SANTISO Javier, *Amérique latine. Révolutionnaire, libérale, pragmatique*, Autrement, 2005.

TOURAINE Alain, *La Parole et le Sang. Politique et société en Amérique latine*, Éditions Odile Jacob, 1988.

VAYSSIÈRE Pierre, *Les Révolutions d'Amérique latine*, Seuil, 1991.

VAYSSIÈRE Pierre, *L'Amérique latine de 1890 à nos jours*, Hachette, 1999.

Sites Web

- http://www.alternativabolivariana.org (Alternative bolivarienne pour les Amériques)
- http://www.ftaa-alca.org (Zone de libre-échange des Amériques)
- http://www.summit-americas.org (Sommets des Amériques)
- http://www.eclac.cl (Commission économique pour l'Amérique latine et les Caraïbes)
- http://www.iadb.org (Banque interaméricaine de développement)
- http://pdba.georgetown.edu (base de données politiques sur l'Amérique latine)
- http://www.observatorio2006.org (Observatoire des élections en Amérique latine)
- http://www.lanic.utexas.edu (portail de sites sur l'Amérique latine)
- http://www.reseau-amerique-latine.fr (système d'information documentaire francophone)
- http://www.red-redial.net (Réseau européen d'information et de documentation sur l'Amérique latine)
- http://www.lib.nmsu.edu/subject/bord/laguia/ (annuaire des sites Internet traitant de l'Amérique latine)
- http://www.aladi.org (Association latino-américaine d'intégration)
- http://www.iirsa.org (Initiative pour l'intégration de l'infrastructure régionale sud-américaine)
- http://www.europa.eu.int/comm/external_relations/la/index.htm (page de la Commission européenne sur les relations Europe-Amérique latine)
- http://www.frmt.org (Fondation Rigoberta Menchú Tum)
- http://www.mst.org.br (Mouvement des sans-terre)
- http://www.alertanet.org/verdad.html (portail des Commissions de la vérité)

SOURCES DES CITATIONS

Pages 6-7
Bartolomé de las Casas, *Très Brève Relation de la destruction des Indes*, La Découverte/Poche, p. 43.

Pages 8-9
Simón Bolívar,
http://www.monografias.com/trabajos5/simon/simon2.shtml#procla

Pages 10-11
Simón Bolívar,
http://www.simon-bolivar.org

Pages 12-13
José Luis Machinea,
cité par le site Web de la CEPAL.

Pages 14-15
Hugo Chávez,
http://www.venezolano.web.ve/archives/395-Frases-celebres-de-la-revolucion-de-Chavez.html (10 avril 2002).

Pages 16-17
Phrase prononcée en 1901
par Marcel Mauss en ouverture de son cours à l'École des hautes études.

Pages 18-19
André Siegfried, *Amérique latine*,
Armand Colin, 1934, p. 45.

Pages 20-21
Dante Alighieri, *Paradiso XXI*, p. 151.

Pages 22-23
François Chevalier, *L'Amérique latine de l'indépendance à nos jours*,
PUF, 1977, p.339.

Pages 24-25
Alfredo Moreira Pinto,
A cidade de São Paulo em 1900,
Governo do Estado de São Paulo,
edição fac símile, São Paulo, 1979.

Pages 26-27
Phrase attribuée à Alan Greenspan,
ancien gouverneur de la réserve
fédérale des États-Unis.

Pages 28-29
Ricardo Lagos, cité par le Centre
d'information de l'ONU

Pages 30-31
Néstor Kirchner, *La Jornada*,
5 novembre 2005.

Pages 32-33
Adam Smith, *Recherches
sur la nature et les causes
des richesses des nations*.

Pages 34-35
Hernando de Soto, sur le site
de l'Institut pour la paix
et la démocratie (ILD).

Pages 36-37
Jaime da Silva Araújo,
Conseil de la récolte du caoutchouc,
Audience publique de la CMED,
São Paulo, 28-29 octobre 1985, cité
dans le Rapport Bundtland, ONU, 1987.

Pages 38-39
José Carlos Mariátegui,
« El problema del indio »,
*Siete ensayos de interpretación
de la realidad peruana*, 1928.

Pages 40-41
Joe Foweraker, *Theorizing Social
Movements*, Londres, Pluto Press,
Critical Studies on Latin America,
1995, p. 114.

Pages 42-43
Sous-commandant Marcos, devant
des touristes américains à San
Cristóbal de las Casas, 1ᵉʳ janvier 1994.

Pages 44-45
Leonardo Boff, dans *Teología
de la liberación. Documentos sobre
una polémica*, San José, DEI, 1984.

Pages 46-47
Miguel Ángel Asturias,
El señor Presidente,
Madrid, Alianza editorial, 1946.

Pages 48-49
Eva Perón, « Derecho del más débil »,
12 novembre 1947,
dans *El Pensamiento peronista*,
sous la direction de Aníbal Iturrieta,
Ediciones Cultura hispanica,
1990, p. 64.

Pages 50-51
Raúl Alfonsín, dans Paul Boeker,
*Lost Illusions. Latin America's
Struggle for Democracy,
as Recounted by its Leaders*,
La Jolla, Institute of the Americas,
1990, p. 57.

Pages 52-53
Manuel Antonio Garretón,
dans *La democracia en América
Latina. Hacia una democracia
de ciudadanos y ciudadanas*,
Informe del Programa de las Naciones
Unidas para el Desarrollo, 2005.

Pages 54-55
Constitution de l'Équateur de 1979.

Pages 56-57
Tarso Genro, Ubiratan de Souza,
*Orçamento participativo.
A experiência de Porto Alegre*,
São Paulo, Editora Fundação Perseu
Abramo, 1996, p. 22.

Pages 58-59
Déclaration de Marco Aurelio García,
conseiller diplomatique du président
brésilien Lula, 19 janvier 2006.

Pages 60-61
Simón Bolívar,
lettre du 7 décembre 1824.

Pages 62-63
Observatoire géopolitique
des drogues, Rapport, 2000.

Pages 64-65
Eduardo Stein, vice-président
de la république du Guatemala,
cité dans *Le Figaro*
du 11 janvier 2006.

Pages 66-67
Guillermo Gómez-Peña, « The
Multicultural Paradigm: An open
Letter to the National Art
Community » dans Gerardo Mosquera
(ed.), *Beyond the Fantastic.
Contemporary Art Criticism from
Latin America*, Londres,
Inivia, 1995.

Pages 68-69
Mariano Valderrama León,
*Development Cooperation European
Union Latin America. Overview and
Prospects*, RIMISP-ICCO, Santiago
du Chili, 2004, p. 7.

Pages 70-71
Stefan Zweig, *Le Brésil, terre
d'avenir*, Paris, Le Livre de poche,
1981 (1941), p. 20.